Gasthausgeschichten
aus dem alten Dresden

Andreas Them

Impressum

© edition Sächsische Zeitung
SAXO'Phon GmbH, Ostra-Allee 20
01067 Dresden
www.editionsz.de

Alle Rechte vorbehalten
1. Auflage Juni 2010

Titelbild   Ratskeller Dresden, Sammlung Holger Naumann

Layout   Dresdner Verlagshaus Technik GmbH

Druck   Medienhaus Lißner

Dieses Werk einschließlich aller seiner Teile ist urheberrechtlich geschützt. Jede Verwertung außerhalb der engen Grenzen des Urheberrechtes ist ohne Zustimmung unzulässig und strafbar. Das gilt insbesondere für Vervielfältigungen, Übersetzungen, Mikroverfilmungen und die Einspeicherung und Verarbeitung in elektronischen Systemen.

ISBN   978-3-938325-75-9

Inhaltsverzeichnis

Vorwort 07

01. „Narrenhäuschen" und „hölzerner Esel" –
Altdresdner Strafen 09
02. Zar Peter I. übernachtet im Gasthof
„Zum goldenen Ring" 13
03. Wie das Gasthaus „Zum letzten Heller"
zu seinen Namen kam 15
04. Der Gasthof „Weißer Hirsch"
als Quarantänestation – 1709 18
05. Was der Ratskellerwirt alles zu beachten hat –
Aus dem Pachtvertrag – 1753 20
06. Die privilegierten Gastwirte beschweren sich über
die zahlreiche Zunahme von Winkelschänken – 1774 24
07. Altdresdner „Schmieren" – Das Wirtshaus
als Theaterbühne – Ende des 18. Jahrhunderts 26
08. Die „grüne Bude" in der Dresdner Neustadt 29
09. Beobachtungen im Kgl. Großen Garten
Anfang der 1820er Jahre 32
10. Zu Gast bei „Chiappone" –
Die „sogenannten Italienerläden" – um 1820 35
11. „Der Nasenball im Gasthof Stadt Wien" – im Jahre 1826 37
12. Die „Kneipenmanie" im Dresden der 1830er Jahre 39
13. Eine ungewöhnliche Testamenterfüllung
in der Waldschlösschen-Restauration im Mai 1843 40
14. „Lebt denn der alte Hausschild noch?" –
Der Dresdner Holzmichel 43
15. Zu Gast bei Vater Kohl, dem Altdresdner Original 45
16. Prinz Napoleon, der traurige Gastwirt 47
17. Ein Ausflug nach Blasewitz
in der Mitte des 19. Jahrhunderts 50
18. Die Gastwirtsfamilie Renner –
Die bekannte Adresse im 19. Jahrhundert 52

19. Sommerfest in der Brauerei zum Felsenkeller
im Jahre 1861   56
20. Die bedeutendste gastronomische
Herausforderung im 19. Jahrhundert –
Das erste Sängerbundesfest im Jahre 1865   58
21. Dostojewski in Dresden –
Aus dem Tagebuch seiner jungen Frau   61
22. Schildkrötenschicksale in Dresden   65
23. Die Legende vom „Eiswurm",
der Felsenkeller-Brauerei – 1876   68
24. Die erste „Dresdner Kochkunstausstellung" im Jahre 1876   70
25. Beobachtungen in einer Weinstube im Jahre 1876   74
26. Zitate aus dem Arbeitsvertrag eines Kellners
im Jahre 1885   75
27. Verbotene Glücksspiele im Weinrestaurant
„Englischer Garten"   77
28. Das gastronomische Fazit
der Wettinerjubelfeier im Jahr 1889   80
29. Der Boykott der Waldschlösschen-Brauerei
im Jahre 1894   82
30. Versammlung in „Meinhold's Sälen" –
Lohnt es, ein Kellner zu sein?   86
31. Ein orientalischer Weihnachtsmarkt
in Dresden 1895   88
32. Eine vergessene Tradition – Die „gelbe Suppe"
der Dresdner Stadtverordneten   89
33. Der vermeintliche Skandal – Das Publikum
im Vergnügungseck der Deutschen Bauausstellung 1900   95
34. Stammtischbeobachtungen um 1900   96
35. Über die Tätigkeit privater „Dienstvermittlungsbureaus"
um die Jahrhundertwende   99
36. Dresdens „moderne Sklaverei?" –
Die Kellnerinnenfrage im Jahre 1902   102
37. Die Weinstube zum „Schillerhof"
im Gasthof zu Blasewitz   105
38. Dresdens größtes Zeitungskaffee am Altmarkt   107
39. Wie die Automatenrestaurants nach Dresden kamen   109

40. „Militärverbot" – eine Warnung
    an die Dresdner Gastwirte   113
41. „Vergnügungseck" oder „Ausstellungspark" –
    Die erste Internationale Hygieneausstellung – 1911   115
42. Karl August Lingner – Der verspätete Gast
    im Hotel „Europäischer Hof"   119
43. Etablissement „Weißer Adler"   122
44. Zur Wahrung der Sittlichkeit – Der „Bärentanz"
    wird verboten – 1913   125
45. Das „Biersanatorium" in der Nähe
    des Dresdner Neumarkts   128
46. Die Bauernschänke auf der Kreuzstraße   130
47. „Moulin Rouge" in Dresden   135
48. Unruhen im Stadtwaldschlösschen am Postplatz –
    August 1914   136
49. Französische Namen verschwinden
    aus dem öffentlichen Leben   139
50. Kriegsstrumpfstricken im Kaiser-Palast   142
51. Das „Elefantenessen" in der Bärenschänke – 1917   145
52. „Maßnahmen gegen die Schlemmerei" – 1923   147
53. „Preiswettkochen" – Neuer Anziehungspunkt
    für eine gastwirtschaftliche Ausstellung – 1932   149

Bildnachweis   151

Vorwort

Manchmal war es nur ein kleiner Zeitungsartikel, der die Neugier weckte. Dann die kleinen versteckten Hinweise in Tagebüchern, Briefen und Reisebeschreibungen. Oder die Mitteilungen in den Akten des Schank- und Gewerbeamtes, die im Dresdner Stadtarchiv aufbewahrt werden.
Dies regte mich vor Jahren an, die überlieferten Anekdoten auf ihren Wahrheitsgehalt hin zu überprüfen. Dazu waren oft langwierige Recherchen nötig. Die vielen kleinen Informationen mussten zusammengetragen und miteinander verglichen werden, bis aus einer banalen Notiz eine kleine spannende Geschichte entstehen konnte. Eine Tätigkeit, die viel mit der Arbeit eines Koches gemein hat. Für jede Anekdote sind zahlreiche Zutaten (Überlieferungen) vorhanden. Die müssen aufeinander abgestimmt werden, damit eine schmackhafte Speise entsteht. Oft erscheint sie beim Abschmecken (Auswahl des Recherchematerials) als zu fad oder überwürzt. Es braucht schon einige Kostproben, bis der Koch oder der Autor mit dem Ergebnis zufrieden ist.
Die Dresdner Gastronomiegeschichte ist eine wahre Fundgrube. Sie ist eng mit der Entwicklung der Stadt verbunden. In den Reihenschänken und dem städtischen Ratskeller fand sie ihren Anfang. Wenig später gründeten Garküchen Speisewirtschaften. Boten- und Handwerkerherbergen zählten zu den ersten gastgewerblichen Betrieben, Schifferkneipen und Winkelschänken folgten. Nach dem Dreißigjährigen Krieg wurde das Gastgewerbe zu einem lukrativen Geschäft. Zahlreiche neue Gasthöfe und Schankwirtschaften entstanden. Auch dies trug dazu bei, das Bier und Branntwein unmäßig flossen. Störungen der öffentlichen Ruhe waren die Folge. Regulative – heute würde man Verordnungen sagen – sollten den Alkoholmissbrauch eindämmen. Doch wer nicht hören wollte, der sollte fühlen. Noch standen sie, jene mittelalterlichen Strafinstrumente, an denen Trunkenbolde nach ausgeschlafenem Rausch öffentlich zur Schau gestellt wurden.

Es erwartet Sie ein vergnüglicher Spaziergang durch fünfhundert Jahre Dresdner Wirtshausgeschichte.

1. „Narrenhäuschen" und „hölzerner Esel" – Altdresdner Strafen

Schon in den frühesten Reiseberichten werden die Deutschen als ein sehr trinkfreudiges Volk geschildert. Die Trinksucht zog sich durch alle Gesellschaftsschichten. Überall gab es Personen, welche schon längst nicht mehr ihren Alkoholgenuss unter Kontrolle hatten. Die Sicherheit auf den Straßen und insbesondere in den Wirtshäusern war nur noch schlecht zu gewährleisten. Auch in der sächsischen Residenzhauptstadt Dresden sah es nicht anders aus.

Um die Nachtruhe war es nicht zum Besten bestellt. Nach reichlichem Bier- und Branntweingenuss zogen hauptsächlich die aus dem Wirtshaus heimwärts ziehenden Gesellen durch die engen Gassen der Stadt. Die Strafliste ihrer damals beliebtesten „Unterhaltungen" ist lang: Ruhestörung durch Geschrei oder lautes Saitenspiel, Pauken, Pfeifen, Streit, Prügeleien, das Wegfahren oder Umwerfen auf den Gassen stehender Fuhrwerke, die Zerstörung der mühsam zusammengezimmerten Buden der kleinen Händler oder das Abschlagen der aushängenden Zunftzeichen. Dabei hatte es ihnen besonders die Schneiderschere angetan.

Bereits im letzten Drittel des 15. Jahrhunderts gab es so etwas wie eine Polizeistunde. Zum Beispiel waren in den Sommermonaten die Schankwirtschaften bereits um 9 Uhr abends zu schließen. Im Winter noch zeitiger. Um 1513 entschlossen sich dann die Dresdner Ratsherren, vier Nachtwächter anzustellen. Ihre Aufgabe war es unter anderem, den nächtlichen Unfug einzudämmen, die Täter dingfest zu machen um sie dann schnell dem Gerichte zuzuführen.

Öffentliche Strafen und Zurschaustellung der nächtlich aufgelesenen „Trunkenbolde" folgten. Um 1563 wurde am Dresdner Neumarkt – ganz in der Nähe der alten Frauenkirche – das „Narrenhäuschen" aufgebaut. Das Oberteil dieser Holzkonstruktion, der „Narrenkäfig", war drehbar. Jedermann konnte den darin Eingesperrten in Bewegung setzen. Natürlich wurde diese Möglichkeit von den schadenfrohen Dresdnern reichlich genutzt. So drehten sie den im Käfig eingesperrten Sünder so lange, bis dem schwindlig wurde. Diese öffentliche Demütigung sollte eine Lehre sein.

Dies meint auch die alte Inschrift des Narrenhäuschens.

Das Narrenhäuschen.

„Das Narren-Haus verordnet hat /
Ein Erbar Rath in dieser Stadt /
Alle denen zur Straf und Scheu, /
So Gott den Herrn ohn Buß und Reu /
Verachten, die am Marckte stehn, /
Und auch etwas spazieren gehen, /
Oder sitzen beym Brandewein /
Wenn des Sonntags in der Gemein /
Gepredigt wird Göttliches Wort /
Auch denen, so werde gehört /
Des Nachts, daß sie erzeigen /
auf denen Gassen mit viel Schreyen /
Oder, daß sie treiben Unfug /
Gleich als wären sie nicht halb klug /
Vermahnet sei auch die Jugend, /
Daß sie melde all Untugend, /
Denn wer da handelt wider Gott, /
Wird hier eintragen Hohn und Spott. /
Es sey gleich Knab, Weib oder Magd, /
Das laß ihn jeder seyn gesagt. /
Anno Domini MDLXIII. / d. 1. Juli"

Im Jahre 1659 wurden die Strafen gegen den zunehmenden Alkoholmissbrauch drastisch verschärft. Urheber von Schlägereien in Gastwirtschaften, welche oft mit Körperverletzungen verbunden waren, drohte die Strafe des „hölzernen Esels". Der sächsische Kurfürst war um den Ruf seiner Residenzhauptstadt besorgt und hoffte, mit dieser Abschreckung die Lage in den Griff zu bekommen.

Wie sah er aus, der „hölzerne Esel?" Vor der damaligen Hauptwache, auf dem Dresdner Neumarkt, stand ein solcher eigentümlicher Pranger. Es war ein hohes, vierbeiniges Gestell, das einen Eselskopf

Der hölzerne Esel steht vor der damaligen Hauptwache.

trug. Der Rücken hatte die Form eines spitz zulaufenden Daches. Auf den beiden großformatigen Gemälden von Canaletto, die den Dresdner Neumarkt mit der Frauenkirche darstellten, ist jenes eigentümliche Strafinstrument zu erkennen.

Ursprünglich sollten damit die einfachen Soldaten der Garnison diszipliniert werden. Schon geringe Vergehen wurden damit bestraft, drei halbe Tage lang auf der sehr scharfen Kante öffentlich sitzen zu müssen. Es ist zu vermuten, dass insbesondere die Zügellosigkeit der Soldaten während des Dreißigjährigen Krieges und danach die Ursache war, dass zu so einem harten Disziplinarmittel gegriffen wurde.

Doch es dauerte nicht lang, dass jene Strafe auch für das andere Volk recht brauchbar erachtet wurde. So wurde es zur Sitte, das auch der Adel seine straffällig gewordenen Bediensteten einer solchen Bestrafung zuführten. Im Gegensatz zu den Soldaten mussten sie rückwärts sitzen, während die Soldaten noch die „Auszeichnung" genossen, nach vorn gewendet zu reiten. Verurteilte „Frauenzimmer" oder Kinder wurden nur an den hölzernen Esel für eine Weile angebunden.

So wurde im Jahre 1724 eine „liederliche Weibsperson" zu zwei Stunden am „hölzernen Esel" verurteilt. Sie musste einen Strohkranz tragen und in ihren Armen trug sie einen aus Stroh geflochtenen „Bräutigam". Ihr Vergehen: Sie hatte einen Soldaten der sächsischen Truppen zur Desertion verleitet. Bei dem anschließenden Spießrutenlauf ihres Liebhabers hatte sie voranzugehen.

Mitten im Winter, am 20. Januar 1725, wurde ein Bauer auf den „Esel" gesetzt. Er war in der vorangegangenen Nacht wegen groben Unfug verhaftet worden. So saß er dann, mit einem spitzen weißen Hut und seiner blauen Bauernkleidung, auf dem „Esel". Das zahlreiche Dresdner Publikum hatte sein Vergnügen.

Das Narrenhäuschen wurde um 1715 abgerissen. Der „hölzerne Esel" am Dresdner Neumarkt der Altstadt verschwand erst während des Siebenjährigen Krieges. Nach der Beschießung der Hauptwache und deren Zerstörung im Juli 1760 wurde das Strafinstrument nicht mehr aufgebaut. Weniger bekannt ist, dass es auch in der Dresdner Neustadt einen „hölzernen Esel" gab. Jener wird nach der Erbauung des Blockhauses (1736) nicht mehr erwähnt.

2. Zar Peter I. übernachtet im Gasthof „Zum goldenen Ring"

Der Gasthof „Zum goldenen Ring" gehörte zu den ältesten seiner Art in der sächsischen Residenzhauptstadt Dresden. Bereits um 1566 wurde er zum Erbgasthof erklärt. Dank der idealen Lage am Altmarkt und seiner Nähe zum kurfürstlichen Schloss, konnte sich nie über fehlende Gäste beklagt werden. Es machte sich so zunehmend bemerkbar, dass bei Fürstenbesuchen oder angesetzten Landtagen für die vielen Fremden in der Stadt an einer naheliegenden Unterkunft fehlte. Schließlich wurde in jener Zeit mit großem Tross gereist. Fanden die hohen Potentaten meist Unterkunft in befreundeten Adelshäusern, so wurden die zahlreichen Bediensteten in den nahen Gasthäusern untergebracht.

Erstmals war der russische Zar Peter I. im Juni 1698 in Dresden zu Gast. Auf Einladung von August des Starken wohnte er im sächsischen Residenzschloss. Er besichtigte die weltbekannte Kunstkammer und das „*wunderns=würdige Zeughauß und den prächtigen Stall.*" Hofberichterstatter berichteten von den merkwürdigen Gewohnheiten des „Muscowitschen Czaars". Abends um 10 Uhr begann er mit seinem Gefolge an zu trinken. Ein Zustand, der bis zum frühen Morgen anhielt. „So oft der Czaar tranck, wurde 12 Canonen gelöset", heißt es in ihren „merckwürdigen" Überlieferungen.

Anders sah es beim nächsten Besuch aus. Dieser erfolgte am 20. September 1711. Diesmal kehrte er in den naheliegenden Gasthof „Zum goldenen Ring" ein. Der sächsische Kurfürst und polnische König August der Starke war nicht in der Stadt. Er überließ es seinem Oberstallmeister, dem Grafen Friedrich Vitzthum von Eckstädt, den Zaren gebührend zu begrüßen. Nach dem Empfang begaben sie sich sogleich zu einem Abendessen in dessen Haus auf der Dresdner Scheffelgasse. Jenes Haus wurde im darauffolgenden Jahrhundert das spätere Polizeihaus der Stadt. Traurige Berühmtheit erlangte es durch die Unruhen im Jahre 1830. Es wurde von der aufgebrachten Dresdner Bevölkerung gestürmt.

Im „Goldenen Ring" bezog Zar Peter I. gerne Quartier.

Doch im Jahre 1711 war daran noch nicht zu denken. Nach dem Abendessen kehrte der russische Zar „Zum Goldenen Ring" zurück. Der Hofkeller des sächsischen Residenzschlosses sandte wertvolle Tokaier-Weine. Von diesem freundlichen Angebot wurde reichlich Gebrauch gemacht. Am 22. September reiste der Zar ab, um in Freiberg den Abbau des Silbererzes zu studieren. Bei den sächsischen Hofbeamten hatte er auf eigene Art Eindruck gemacht:

> *„... Bei der Abreise nahm er, wie ein amtlicher Bericht des Oberhofmarschalls von Pflugk meldet, einige Bettücher mit und war eben damit beschäftigt gewesen die grüntafftelnen Fenstervorhänge, die zur Ausstattung der Gasthofzimmer vom Hofe geliefert worden waren, eigenhändig einzupacken, als ein Stubenheizer, auch namens Peter, dieser eigenthümlichen Bethätigung seines Spartriebes entgegentrat und ihn zur Wiederherausgabe der Vorhänge veranlaßte ..."*

Mitte Oktober 1711 traf er dann wieder mit großem Gefolge in Dresden ein. Wiederum nahm er Quartier im Gasthof „Zum Goldenen Ring". Chronisten aus jener Zeit berichteten, dass sein Lieblingsaufenthaltsort innerhalb des Gasthofes die „Hausknechtstube" gewesen war. Jene lag im Erdgeschoss hinten zum Hof. Hier frühstückte er mit der ihm am meisten zusagenden Gesellschaft, den einfachen Arbeitsleuten. Die ihn zu Ehren stattfindenden Wachparaden an der Vorderfront des Gebäudes nahm er weniger wahr. Am 25. Oktober 1711 reiste er wieder ab. Sein Weg führte ihn per Schiff nach Torgau.

Die Blütezeit des Gasthofes ging spätestens ab den 1720er Jahren ihrem Ende entgegen. Es entsprach nicht mehr den gehobenen Ansprüchen der Zeit. Neue Übernachtungsmöglichkeiten entstanden, wie zum Beispiel das durch einen Umbau eines Stadtpalais errichtete „Hotel zum Goldenen Engel". Weitere vornehme „Fremdenhöfe" folgten. Nach 1733 ließ der damalige Eigentümer den Gasthofbetrieb eingehen. Fortan diente es als Mietshaus. Ein Stück frühester Dresdner Gastronomiegeschichte fand ein vorläufiges Ende.

3. Wie das Gasthaus „Zum letzten Heller" zu seinem Namen kam

Zu den ältesten Schankwirtschaften im Dresdner Heidegebiet zählte die beliebte Ausflugslokalität „Zum letzten Heller". Sie befand sich an der alten Radeburger Straße und zahlreiche Forstleute und Wanderer rasteten hier. Auch höfische Jagdgesellschaften konnten hier zeitweilig bewirtet werden. In dem provisorisch eingerichteten Ausschank wurden zunächst Most und selbst gekelterte Weine ausgeschenkt. Erst später entstand ein festes Gebäude, in denen die Gäste sich aufhalten konnten.

Die Gründung dieser beliebten Raststätte lässt sich bis in das Jahr 1675 zurückverfolgen. Dem kurfürstlichen Oberforstmeister Hans Caspar Hahn wurde der westliche Teil des in der jungen Heide gelegenen Hellerberges überlassen. Ein Weinberg wurde angelegt und um 1688 eröffnete er den Gasthof „Zum grünen Baum". Sein Nachfolger war Oberjägermeister Wolf Dietrich von Erdmannsdorf. Ihm ist es zu verdanken, dass der Eingang des Weinkellers ein prächtiges Sandsteinportal bekam. Jenes ist heute noch in Dresden zu bewundern. Es schmückt heute das Gebäude vom Sekundogenitur auf der Brühlschen Terrasse.

Der Name „Hellerschänke" wurde erstmals um 1716 erwähnt. Sicherlich entstand er schon bereits viel früher im Dresdner Volksmund. Schließlich befand sich der Gasthof am Hellerberg. Die Bezeichnung „Grüner Baum" hatte sich nicht durchgesetzt.

Wiederholt wechselten die Besitzer und Pächter des Grundstückes. In den 1780er Jahren entstand ein neues zweistöckiges Gasthaus. Der gemütliche Biergarten wurde in den Sommermonaten zu einem beliebten Ausflugsziel. Bei Kaffee, Wein und Bier ließ man es sich gut gehen. Dazu gab es kräftigende Speisen aus der hauseigenen Fleischerei. Gelegentlich wurde auch zum Tanz eingeladen.

Mit der zunehmenden militärischen Nutzung des Hellers ab den 1820er Jahren kamen immer weniger Gäste. Fast fünfzig Jahre sollte das gastronomische Geschäft zum Erliegen kommen. Einige Gebäude des alten Gasthofes dienten nun einige Jahre als Sommer- und Feldkasernen. Die „Hellerschänke" drohte in Vergessenheit zu geraten. Einen gastronomischen Neuanfang wagten die Brüder Raudnitz im Jahre 1872. Bis zu den Anfangsjahren des Ersten Weltkrieges schufen sie wieder ein sehr beliebtes Ausflugsziel für die Dresdner Bevölkerung. Ihnen wird auch nachgesagt, die Legende vom letzten Heller

Nur das Portal zum Weinkeller blieb von der Hellerschänke erhalten.

geschaffen zu haben. Es fragt sich nur: Welche? Denn derer gab es zwei.

Zum einen gab es die spannende Geschichte vom Handwerksburschen, der den Schlangenkönig am naheliegenden Olterteich bei Klotzsche überlistete. Es sollte sich in der Mitte des 15. Jahrhunderts zugetragen haben. Der arme Geselle hatte gehört, dass hier „allerhand Wunderbares" geschehe. So wurde ihm zugetragen, dass hier ein Schlangenkönig mit goldener Krone herrschen würde. Derjenige, dem es gelang, dem Tier die goldene Krone zu entreißen, würde sehr reich werden und nie wieder unter Armut leiden müssen. So kam ihm auf seiner Wanderung der Gedanke, sein Glück zu versuchen.

Folgende List hatte er sich ausgedacht: Um den Schlangenkönig aus dem Gewässer zu locken, breitete er ein Tuch aus. Dieses legte er – mit dem letzten ihn verbliebenen Heller – auf den von den Sonnenstrahlen erwärmten Moosboden. Dann verbarg er sich im Dickicht und wartete. Nach einer halben Stunde regte es sich im Uferschilf. Er sah die große Schlange, deren Haupt mit einer mit Edelsteinen besetzten Krone geschmückt war. Dieser Last müde geworden, legte der Schlangenkönig sie neben dem letzten Heller ab. Dann legte er sich zur Ruhe und ließ sich von den Sonnenstrahlen erwärmen.

Die Aufregung des Handwerkerburschen war sehr groß. Noch hatte er keinen Plan, wie er zur erhofften Krone kommen könnte. Gespannt beobachtete er das weitere Geschehen. Recht schnell bekam er mit, dass der müde Schlangenkönig den Sonnenstrahlen folgte. Es war nur noch eine Frage der Zeit, bis sich das Tier allmählich vom Tuch entfernt hatte. Dann nahm er allen Mut zusammen, schlich heran, nahm schnell das Tuch mit Heller und Krone und stürzte eilig davon. Er kehrte in die sächsische Residenzstadt zurück und veräußerte seinen wertvollen Schatz an einen Goldschmied. Wenig später danach sollte er ein kleines Stück Land in den Hellerbergen gekauft haben. Er richtete die Schänke ein und gab ihr aufgrund seines Erlebnisses den Namen „Zum letzten Heller".

Doch es gab noch eine andere schöne Geschichte zum Gaststättennamen. Es war im Jahre 1916, als der neue Gastwirt Paul Lindner folgende altbekannte Erzählung wiederbelebte. In ihr durfte August der Starke nicht fehlen. Es soll im Jahre 1690 gewesen sein. August war noch nicht sächsischer Kurfürst und ging seiner geliebten Freizeitbeschäftigung – der Jagd – nach. Eines Abends bat er um Unterkunft in der Herberge. Als er am nächsten Morgen bezahlen sollte, stellte sich heraus, dass er nur einen Heller hatte. Bevor er von der anderen Mitgliedern seiner Jagdgesellschaft entdeckt worden war, schrieb er folgende Zeilen auf eine Holztafel.

*„Wenn mancher Mann wüsste, wer mancher Mann wär,
gäb' mancher Mann manchem Mann mehr Ehr."*

Noch bis in die Zeiten nach dem Zweiten Weltkrieg gehörte das Gasthaus „Zum letzten Heller" zu einem beliebten Ausflugsziel. Generationen von Gästen erzählten die Geschichten zur Namensgebung weiter. Einige Weinschoppen unterstützten eine noch weitere bildliche Ausmalung der Legenden. Im Jahre 1956 wurde hier das letzte Glas geleert. Die mittlerweile baufälligen Gebäude waren nicht mehr zu retten. Denkmalpfleger konnten nur das prächtige Eingangsportal des Weinkellers retten.

4. Der Gasthof „Weißer Hirsch" als Quarantäne-Station – 1709

Die sächsische Residenzhauptstadt Dresden im ausgehenden 17. Jahrhundert. Noch schwer wiegen die Erinnerungen an die Schrecken des 30-jährigen Krieges. Obwohl die Residenz die Kämpfe relativ glimpflich überstanden hatte, sind doch die Zerstörungen der Vorstädte nicht zu übersehen. Die strengen Kontrollen an den Stadttoren geben den hiesigen Bürgern und ihren Gäste ein Gefühl der Sicherheit. Nicht nur vor der mittlerweile verrohten Soldateska – die Schilderungen von Friedenszeiten nur von ihren Vorahnen kannten – sondern auch vor ansteckenden Krankheiten. Das Wort

„Pest" erschreckte alle Schichten der Bevölkerung. Umfangreiche Vorsichtsmaßnahmen wurden von den staatlichen Behörden unternommen, um die Hereintragung dieser Krankheit zu verhindern. Oft natürlich zum Leidwesen der Gasthofbesitzer, deren Häuser außerhalb der Stadt Dresden lagen.

Bereits seit vielen Jahrzehnten setzte man auf altbewährte Mittel. So auch im Jahre 1680, als im nahen Bautzen und Bischofswerda die Pest besonders stark wütete. An den Festungstoren Altendresden gab es besondere Vorsichtsmaßnahmen gegen die Einschleppung der Krankheit. Der Reise- und Handelsverkehr zu den betreffenden Orten wurde stark eingeschränkt. Den Einwohnern wurde eine Fahrt zu den infizierten Orten verboten. Als schwieriger erwies sich aber die Kontrolle der zahlreichen auswärtigen Reisenden, welche Einlass in die sächsische Residenz begehrten. Zu unsicher war es, ob sie sich bereits mit der Krankheit angesteckt hatten. So war auch eine Gefahr einer Epidemie innerhalb der Stadt sehr groß.

Im Jahre 1708 grassierte eine ansteckende Krankheit in den verschiedenen Provinzen des neuerworbenen Königreichs Polen. August der

Das Gutshaus „Weißer Hirsch" übernahm später die Aufgaben des alten Gasthofes.

Starke war durch „Churfürstliche Mandate" gezwungen, eine weitere Ausbreitung zu verhindern. Er wollte die Gefahren von Sachsen und insbesondere seiner Residenzhauptstadt abwenden. Aus diesem Grunde wurden nicht wenige Gasthöfe vor den Städten zu Quarantäne-Stationen umgewandelt. Besonderes Augenmerk wurde auf die Landstraßen gelegt, die eine Hauptverbindung mit Polen darstellten. So war es nur eine Frage der Zeit, als sich das Interesse auf die Bautzner Straße richtete. Der alte Gasthof „Weißer Hirsch" erwies sich als idealer Standort. Weit vor den Toren der Stadt endete für viele Reisende erst einmal ihre Fahrt in die Residenz. Bevor sie die Stadttore passieren durften, standen sie erst einmal unter einer vierwöchigen Quarantäne. Gab es dann keine Anzeichen für eine ansteckende Krankheit, durften sie ihren Weg fortsetzen.

Es war kein einfaches Jahr 1709 für den Besitzer des Gasthofes „Weißer Hirsch". Sein Unternehmen wurde mit behördlichen Anordnungen zweckentfremdet. Die Unterbringung einer Vielzahl von Reisenden, welche eventuell Krankheitskeime in sich trugen, war für die Etablierung eines guten Gasthofes nicht gerade förderlich. Daran änderte auch die Tatsache nichts, dass es hier zu keiner Ansteckung kam. Reisende kamen, blieben und konnten ihren Weg in die sächsische Residenzhauptstadt fortsetzen. Kurzfristig konnte sich der Gastwirt über stetige Einnahmen freuen, aber langfristig erwies es sich als geschäftsschädigend. Ein Hauch von Unheimlichem lag über dem Haus. Die Angst vor ansteckenden Krankheiten war nur schwer zu entkräften. Und so dauerte es noch einige Jahre, bis wieder von einem angstlosen Gasthofbetrieb gesprochen werden konnte.

5. Was der Ratskellerwirt alles zu beachten hat – Aus dem Pachtvertrag zwischen dem Stadtrat und dem Neustädter Ratskellerwirt im Jahre 1753

Es gibt wohl keinen Dresdner Gewerbezweig, der eine solche Vielzahl von Verordnungen, Steuererhebungen und Regulativen zu beachten hatte wie das Gastgewerbe. Nicht immer war es um seinen

Das Neustädter Rathaus war einst das weithin sichtbare Entree in die Neustadt.

Ruf gut bestellt. Viele schwarze Schafe in der Branche brachten zunehmend auch die ehrlichen Gastwirte in Misskredit. Schon seit einigen Jahrhunderten war dieser Trend zu beobachten.

Aus diesem Grunde war natürlich der Dresdner Stadtrat sehr vorsichtig, wenn es um die Verpachtung städtischer Lokalitäten ging. Ein betrügerischer Gastwirt brachte schließlich auch die städtischen Behörden in Verruf. Andererseits wollten sie sich aber nicht aus dem lukrativen Geschäft zurückziehen. Strenge Regelungen bestimmten ihre Pachtverträge. So auch am 26. Juli 1753. Johann Heinrich Irrgang übernahm die Bewirtschaftung vom „Stadtkeller zu Neustadt bei Dresden." Damals nannte sich die Lokalität im Parterre des Neustädter Rathauses so. Gleich schräg gegenüber dem Goldenen Reiter lud er zum Besuch ein. Jahrzehnte später war jene Lokalität unter dem Namen „Neustädter Ratskeller" bekannt.

Doch zurück in die Mitte des 18. Jahrhunderts. Der abgeschlossene Pachtvertrag enthielt zahlreiche Auflagen für den neuen Gastwirt. Die Liste der eingegangenen Verpflichtungen ist lang.

"Der Pächter soll auf guten, schmackhaften und ungefälschten Wein, auch auf gutes tüchtiges Bier bedacht sein, tadelhaften und untadliges Gutes sich aber gänzlich enthalten, und wann ihn etwas verderben möchte die Leute damit nicht hintergehen und den Keller nicht in üblen Ruf bringen.

Alle Arten Wein und Bier sollen als dasjenige bezeichnet werden, was sie tatsächlich sind, und nicht fälschlich vor etwa anderes ausgeben und der Käufer hintergangen werden. Besonders Kranke, Schwangere, Kindbetterinnen und säugende Personen sollen kein schales noch Neigen-Bier gegeben, sondern wie überhaupt jedermann, also insbesondere diese, mit guten unschädlichen Getränken versorgt werden."

Weitere Pachtvertragsbestimmungen beinhalteten die Pflichten des Ratskellerwirtes. Hierbei ging es hauptsächlich um die Einhaltung von Gesetz und Ordnung.

"Der Pächter soll für sein Person, für seine Ehegattin und Gesinde gegen E. E. Hochw. Rath und gegen Herrn Stadtrichter zu Neustadt bei Dresden, seines vorgesetzten Inspektors allen schuldigen gehorsam und Ehrerbietung, wie auch gegen jedermann alle willfähige Bescheidenheit erzeigen.

Der Pächter gelobt auch volles richtiges Maß, nach dem Gemäße es ihm zugestellt worden, zu geben.

Der Pächter ist gehalten, die publizierende Kellerordnung, wie auch sonst über Zucht und Ehrlichkeit soweit an ihm, zu sorgen, länger als bis abends um 10 Uhr soll er keine Spielleute dulden noch Gäste setzen, bei 10 Taler Strafe auf jeden ‚Kontraventionsfall'.

Er verpflichtet sich keine Freveltat zu verhehlen, sondern jeden vorkommenden Uebertretungsfall der Statuten dem Herrn Stadtrichter anzumelden.

Insonderheit soll er an Sonntagen und Feiertagen, ehe der Gottesdienst geendigt, keine Gäste setzen."

Ein langer Vertragsabschnitt beschäftigt sich dann mit den Fragen der Sauberkeit und Ordnung. Insbesondere hatte der Pächter die Pflicht, die Gefäße und Kannen sauber zu halten und die Heber und Bohrer regelmäßig zu reinigen. Das übernommene Inventar sollte pfleglich behandelt werden, damit es in einen guten Zustand nach Beendigung der Pacht wieder übergeben werden könne.

Weiterhin wurde der neue Ratskellerwirt belehrt, im Umgang mit offenem Feuer sehr wachsam zu sein. Dieses war nicht nur besonders in der Küche am Herd notwendig, nein, auch zur abendlichen Beleuchtung der Galasträume. Talglichter oder Kerzen könnten sehr schnell zur Brandgefahr werden.

Zum Schluss wurde er noch zu den wirtschaftlichen Vorgängen belehrt. Zum Beispiel folgt eine genaue Anweisung für Wein, Bier und die pünktlichen Steuerabgaben. Er durfte auch nicht ohne Ratserlaubnis die Bierpreise erhöhen.

„Bei Einkauf von Wein und Bier soll der Pächter auf des Rates Namen keine Schulden machen, sondern alles auf seinen Namen kaufen und zur rechten Zeit richtige Zahlung leisten.

Bei Nichteinhaltung der Vertragsbestimmung durch den Pächter, besonders bei Säumigkeit der Pachtzahlung soll der Rat befugt sein, den Pächter des Vertrages zu entsetzen."

Ein besonderer Punkt in den nachfolgenden Verträgen soll nicht unerwähnt bleiben. Der jeweilige Pächter des Ratskellers hatte einen kurfürstlichen Hund zu halten und auf seine Kosten zu füttern. Ab den Verträgen von 1806 war es dann ein „Königlicher Hund", welcher unter der Aufsicht des Jagdverwalters stand.

6. Die privilegierten Gastwirte beschweren sich gegen die Zunahme von zahlreichen Winkelschänken

Was sind Winkelschänken? Hierbei handelte es sich oft um Lokalitäten, welche die landesherrschaftliche und kommunale Genehmigungspolitik umgingen. Sie waren den bürgerlichen Wirten Grund zum Ärgernis, da diese Schänken keine Steuern zahlten. Deshalb konnten sie das Bier billiger verkaufen und nahmen den Gasthäusern die Kunden weg. Auch die Stadtverwaltung musste oft aktiv werden, waren die Schänken doch Orte lockerer Sitten. Streng bestimmt waren die Regelungen zur Führung einer Schank- und Speisewirtschaft. Insbesondere die kleineren Unternehmen erhielten bei der Befürwortung ihres Konzessionsgesuches immer wieder die Auflage, nur einheimisches Bier auszuschenken. Ein Straßenverkauf war ihnen nicht gestattet und das weitaus beliebtere auswärtige Gebräu durfte nicht ausgeschenkt werden. Fremdes Bier durften nur Armenhäuser, Lazarette und Hospitäler im Angebot haben. Auch einige bekannte Gasthöfe besaßen dieses Privileg. Insbesondere im letzten Drittel des 18. Jahrhunderts war eine zunehmende Umgehung der strengen Konzessionspolitik unübersehbar. Eine strenge Kontrolle wie bei den privilegierten Gastwirten erfolgte nicht. Beschwerden über die zuständigen Aufsichtsbehörden zeigten nur geringen Erfolg. Immer mehr gastronomische Kleinunternehmer erweiterten ihr Angebot, ohne schwerwiegende Kontrollen befürchten zu müssen.

Diese Entwicklung machte den privilegierten Gastwirten der sächsischen Residenzhauptstadt Dresden zunehmend zu schaffen. Viele Gäste blieben aus, da sie in jenen Winkelschänken ihr Bier weitaus preiswerter bekamen. Oft wurde in einzelnen Häusern der Ausschank auch als geschlossene Veranstaltung deklariert. Von einer gerechten Steuerpolitik konnte keine Rede mehr sein.

So entschlossen sich im Dezember 1774 die privilegierten Gastwirte zu einem gemeinsamen Beschwerdebrief an die staatlichen Behörden. Vorherige einzelne Anzeigen gegenüber den benachbarten Winkelschänken waren bisher von keinem Erfolg gekrönt. Lange

Jahrzehnte vor der Gründung erster Berufsvereinigungen entschloss man sich zu einem gemeinsamen Handeln. Eine Innung wie in anderen Handwerksgewerben gab es nicht. Trotzdem waren es doch sie, welche ihre altehrwürdigen Schankgebäude im Siebenjährigen Krieg der Einquartierung von Soldaten zur Verfügung stellen mussten. Oft dienten ihre Wirtschaftsgebäude auch als Lazarette oder wurden zerstört. Mit viel Mühe begannen sie einen Neuanfang. Und nun mussten sie feststellen, dass sie zahlreichen entstandenen Winkelschänken ihren Umsatz schmälerten. Eine solche Entwicklung wollten sie nicht hinnehmen.

Schon der erste Beschwerdebrief zeigte große Wirkung. Namentlich wurden über 50 vermeintliche Winkelschänken in der sächsischen Residenzhauptstadt Dresden aufgezählt. Die angezeigten Personen gingen in ihrem Hauptberuf den unterschiedlichsten Beschäftigungen nach. So findet man auf der langen Liste: Richter, Torwächter, Zimmermänner, Friseure, Winzer, Bäcker, Klempner und viele private Hauseigentümer. All jene sahen in der Bewirtung von Gästen einen willkommenen Nebenverdienst.

Nun konnten auch die Aufsichtsbehörden nicht mehr die Augen verschließen. Beamte wurden losgeschickt, um die Zustande zu überprüfen. Umfangreiche Protokolle über die Besichtigungen wurden angefertigt. Hier und da wurde auch jemand schon einmal verwarnt. Schwerwiegende Bestrafungen waren aber nicht zu befürchten.

Weitere zwei Jahre folgten Beschwerdebriefe der privilegierten Gastwirte. Einige Wirte von Winkelschänken waren bereits vorsichtiger geworden. Doch in den aufgestellten Liste folgten immer wieder neue Namen und Adressen. Weitere Verwarnungen wegen fehlender Konzession folgten. Einige angezeigte Personen stellten dann auch die notwendigen Anträge.

Die angelegte Akte der städtischen Behörden wuchs. Schon längst hatte sie die Zahl von hundert nummerierten Seitenzahlen überschritten. Im Jahre 1775 nahm man insbesondere die königlichen

Angestellten des „Großen Gartens" ins Visier. Alle vier Torwächter wurden wegen Ausschank fremden Bieres angezeigt. Ein ähnliches Schicksal ereilte auch dem Hofgärtner und Fasanenjäger. Letzteres wird sich in den kommenden Jahrhunderten als Ausflugslokal „Große Wirtschaft" etablieren.

Einen echten Erfolg konnten die privilegierten Dresdner Gastwirte mit ihren Aktionen aber nicht verbuchen. Die „Stöhrer" ihres Geschäftsbetriebes wurden zwar registriert, aber es folgten keine ernsthaften Konsequenzen. Im Jahre 1776 wurde schließlich diese Akte der Eingaben geschlossen.

Diese Beschwerdebriefe zeigen, dass es schon lange vor der Öffnung des königlichen Großen Gartens hier schon erste Ausflugslokale gab.

7. Altdresdner „Schmieren" – „Das Wirtshaus als Theaterbühne" – Ende des 18. Jahrhunderts

Wo findet eine reisende Schauspielertruppe ihr Publikum? Sicherlich auf den zahlreichen Jahrmärkten in der sächsischen Residenzhauptstadt Dresden. Ihre aufgeführten Theaterstücke besaßen wohl kaum künstlerische Bedeutung, und doch wurde darüber gesprochen. „Dresdner Eintagsfliegen", die nur eine kurze Erwähnung in der örtlichen Tagespresse erfuhren. Wohl dem Schauspieldirektor, der ein Engagement bei den zahlreichen Dresdner Gastwirten fand. Schließlich wollten seine Gäste auch unterhalten werden. Gagen für anerkannte Schauspieler konnte er sich nicht leisten. Viel preiswerter erschienen doch die vielen Laienschauspielertruppen. Schließlich boten sie jenes einfache Kunsterlebnis, welches seine Gäste einforderten. Hier ging es während der Aufführungen nicht nur lebhaft, sondern manchmal auch recht wüst zu. Ein Zeitgenosse aus dem letzten Jahrzehnt des achtzehnten Jahrhunderts berichtet unter anderem über zwei solcher „Schmieren".

Als erstes nennt er den in der Wilsdruffer Vorstadt gelegenen „Falkenhof". Der Name „Falkenhof" entstand dadurch, dass in diesem Hause lange Zeit die Falkoniere des sächsischen Fürstenhofes ihre Wohnung gehabt hatten. Wir lesen da:

„... Schon der Umstand wirft ein schlechtes Licht auf diese Falkenhofbühne, dass, wenn der Saal vom Publikum angefüllt war, die Dienstleute des Schenkwirtes, um die Gäste mit Speise und Trank zu versehen, auch während des Spieles über die Bühne tölpelten, wenn ihnen dieser Weg der nächste und bequemste war. Ueberhaupt befanden Zuschauer und Schauspieler, Leben und Kunst sich in einem recht kordialen Verhältnis, und die Inhaber des ersten Platzes konnten eigentlich machen, was sie wollten.

So erinnere ich mich eines jungen Modemannes, der bei aufgezogenem Vorhang sich zur Einnahme seines frugalen Abendbrotes auf die Bühne placirte, wobei die Schauspieler um ihn herumagierten, als ob er nicht vorhanden wäre. Er hingegen rief ihnen von Zeit zu Zeit ein Lob oder eine Missbilligung zu, oder fragte wohl auch, was denn die Glocke wohl geschlagen habe ..."

Dabei kam es dann als Daniel in der Löwengrube geworfen wurde, wobei der Modemann einem der Statisten namens Preuß, der in Leben ein Kleiderausklopfer war, zurief: „Preuß, wasche dem Daniel tüchtig das Collet." Dieses Impromptü eines Unberufenen machte mehr Effekt als das ganze Stück, nach dessen Ende der Direktor für den zahlreichen wohlwollenen Zuspruch bedankte und für das Stück des nächsten Abends um das gleiche Wohlwollen hat ..."

Dieses klingt schon für einen Theaterliebhaber recht schaurig. Aber es konnte noch schlimmer werden. Zur gleichen Zeit stand eine andere Schauspielertruppe bei „Hofapothekers" in der Rampischen Gasse auf der Bühne. Ursprünglich hatte sich diese auf das Marionettentheater festgelegt. Doch der Chef dieser Truppe, „Vater Zimmermann", ließ sich von seinem Künstlerstolz leiten und begann mit „menschlichen Figuren" zu spielen.

„... Auf dem ersten Platze saßen in diesem Kunsttempel die Kleinbürger der Nachbarschaft, auf dem zweiten schon minderes Volk, der dritte aber gehörte der Gassenbrut, die ihren Ehrgeiz darein setzte, durch Unfug die körperliche Züchtigung des Herrn Direktors herauszufordern. Wenige Abende vergingen, wo nicht der Unternehmer, oft mitten in den erhabensten Momenten, innehalten und rufen mußte „Jungens, auf der Galerie! Wollt ihr Ruhe halten, oder ich komme!" Und wirklich hielt er mit diesem „Kommen" bisweilen Wort, natürlich zum größten Gaudium seines Auditoriums. Nach vollbrachter Züchtigung aber nahm er dann jedesmal ruhig seine Rolle da wieder auf, wo er sie hatte unterbrechen müssen ..."

Eines Abends lag Zimmermann schon als Karl XII. von Schweden auf dem Paradebette, als er zum allgemeinen Gaudium wie von einer Tarantel gestochen wieder auffuhr: eine Tonkugel oder Erbse aus einem Blasrohr hatte ihn getroffen und Karl XII. war natürlich nicht der Mann, solche Schmach auf sich sitzen zu lassen. Der Vorhang fiel, der Wiedererwachte stürzte zur Rache in den Saal, aber der Täter hatte sich schon aus dem Staube gemacht. Karl XII. konnte seinem königlichen Herzen nur in unköniglicher Schimpfrede Luft machen. Dann aber rief ihn die Pflicht zur Schlußrede: „Sollte es dem hochlöblichen Publikum gefallen haben, so bitte ich um weitere Rekommandation."

Eine Tradition, die sich noch viele Jahrzehnte fortsetzen wird. Legendär wurden um 1850 die Auftritte der Schauspielertruppe der Witwe Magnus. Ihre Popularität verdankt sie ihren Aufführungen auf der Dresdner Vogelwiese. Aber auch ihre „Theatralischen Vorstellungen" in den einfachen Gasthäusern sorgte für reichliches Publikum. Inkognito war auch so mancher Hofschauspieler unter den Gästen. Mit großer Neugier beobachteten sie, wie sie das einfache Zuschauerpublikum begeistern konnte.

8. Die „grüne Bude" in der Dresdner Neustadt

Dresden am Anfang des 19. Jahrhunderts. In der Schlossgasse wimmelte es zu jeder Tagesstunde voller prachtvoller Uniformen der Gardereiter. Unterbrochen wurde das Bild nur *„von Prachtequipagen mit Läufern in reich mit Silber= und Goldtressen besetzten Livreen in allen Farben."* Jene Spaziergänger gehörten nur der „ganz feinen Welt" an. So flanierten sie dann täglich über die Schlossstraße, der Brücke und der Allee in der Neustadt (heute Hauptstraße) auf und ab.

Gleich am Eingang der Neustädter Allee – zwischen dem Goldenen Reiter und Rathaus – stand eine grüne Bude. Eine provisorisch eingerichtete Konditorei, welche eher einem Bretterverschlag ähnelte. Dem äußeren Farbanstrich verdankte es seinen Namen. Kaum vorstellbar, dass hier ein Sammelpunkt der hohen feinen Welt war. Bei schönem Wetter standen hier zahlreiche Tische und Stühle. Jene waren dann von Offizieren, den Gesandten, Vertretern des Adels und feinsten Damen besetzt.

Die Entstehung dieses Restaurationsplatzes in der Dresdner Neustadt geht auf die Erbauung der katholischen Hofkirche zurück.

Die „Grüne Bude" links im Vordergrund hatte einen fragwürdigen Ruf.

Zahlreiche italienische Bauleute fanden auf Grund ihrer Berufserfahrung hier Lohn und Brot. Doch sie vermissten ihre einheimischen Südfrüchte. Bereits um 1757 erhielt ein Italiener die Erlaubnis, in den Sommermonaten seinen Landsmännern einheimische Erfrischungen und Südfrüchte anzubieten. Ein provisorisches Verkaufszelt entstand.

Seine Ware bezog er von dem damals einzigen Händler italienischer Produkte, dem Kaufmann Bussetti. Jener übernahm dann einige Jahre später selber die Bewirtschaftung des „italienischen Zeltes". Aufgelaufene Schuldforderungen machten es möglich. Bussetti wurde für kurze Zeit unschuldig eingekerkert. Zeitgenössische Chronisten berichteten, dass ihm nach seiner Freilassung eine Bitte gewährt wurde. Und die weitere Legendenbildung berichtet von seinem Wunsch, am Neustädter Markt statt des Zeltes eine Bude zu errichten. Und die Genehmigung zur Betreibung dieser Bude soll vererbbar sein.

Um 1780 entstand somit die „grüne Bude" auf der Allee. Nach Bussettis Tod wurde die italienische Konditorei von seiner Tochter weitergeführt. Erst Anfang der 1830er Jahre entschloss sie sich zum Verkauf.

Diese „grüne Bude" wurde von Dresdens Frauenwelt verabscheut. Draußen saß die „fashionable Männerwelt" beim Kaffee und musterte eindringlich die Damen. Es gab nicht wenige Stimmen aus der Dresdner Bevölkerung, welche den Abriss der unzeitgemäßen Konditorei forderten. Dagegen aber stand verbrieftes Recht.

Anfang April 1837 hörte man den lauten Knall einer Explosion in Dresdens Neustadt. Die erschreckten Bürger hielten es zunächst für einen Aprilscherz. Erst als sie mit eigenen Augen sahen, dass von der fast fünfzigjährigen „grünen Bude" nur noch Trümmer standen, konnten sie an ein Unglück glauben.

Polizeiliche Ermittlungen begannen. So heißt es unter anderem im zeitgenössischen Bericht:

Ungefähr 9 bis 10 Minuten hatten die 12 Glockenschläge der Mitternacht des 31. März verkündet, daß mit dem beginnenden Sonnabend der launische April seine Herrschaft angetreten, als ein donnerähnlicher Knall die Umwohner der sogenannten grünen Bude auf der Neustädter Allee aus dem Schlafe weckte.

Der Polizei ward sofort hinterbracht: „Die grüne Bude ist gesprengt". Mit Abendlichtern versehen, begab sich der Distriktwachtmeister nebst mehreren Untergebenen zum Thatort, und fand, daß außer der einen Wand, welche unmittelbar an der Allee-Barriere – Kettenumschließung der Alleebahn gab es damals noch nicht – sich anlehnte, die übrigen drei Wände aus den Fugen gesprengt, bedeutend überhingen und besonders die, nach dem Markte zugerichtete (südl.) Fronte mit herunterhängenden Dache am meisten schief stand.

Die Scheidewand im Innern, welche Büfett und Gesellschaftszimmer trennte, war unversehrt, die Politur sämtlicher Möbel fand sich mit einem blauen Duft überzogen, von der Decke hing ein Stück Leinwand herab, welches noch glimmte. Die Tapeten an den Wänden waren bis auf zwei zersprengte Scheiben unversehrt geblieben. Es fanden sich eine Menge abgebrannter Streichhölzchen und eine Papiertüte aus Löschpapier, leer und etwas angeglimmt vor.

Aus dem in der grünen Bude befindlichen Ofen ging nach außen ein Rohr und Knie, welches dem Rauchabzug vermittelte. Dieses äußere, mit einem kleinen Dach versetzte Rohrknie wurde bei äußerer Besichtigung vorsichtig angelehnt gefunden. Durch Herausnahme desselben war in der Wand ein Loch entstanden, wodurch es leicht war, Pulver oder Explosionskörper anderer Art nach dem Innern zu werfen.

Viel Ärger über die Zerstörung dieser alten „Bude" gab es in der örtlichen Tagespresse nicht. Auch der Urheber jenes „Attentates" wurde nie ausfindig gemacht. Das „Leipziger Tageblatt" beschäftigte sich im Jahre 1878 noch einmal mit diesem Thema. Sie vermutete den Urheber für diese Tat in einem jungen Artillerieoffizier.

Den Namen wollte sie aber auch nach den vielen Jahrzehnten nicht preisgeben. Nur so viel wurde verraten: Der inzwischen verstorbene Täter soll zu den ersten Würdenträgern des Königreichs Sachsen gehört haben.

9. Beobachtungen im Kgl. Großen Garten in den 1820er Jahren

Dresden am Anfang der 1820er Jahre. Von jeher liebte die einheimische Bevölkerung die sommerlichen Spaziergänge in die Natur. Zahlreiche Ausflugsgaststätten hatten sich am Stadtrande etabliert. Besonders beliebt war der Besuch im „Lincke'schen Bade" auf der Neustädter Elbseite. In Richtung Gruna hieß das Ziel „Grüne Wiese". Wem der Weg zum Plauenschen Grund zu weit war, kehrte in dem großen Brauereiausschank der „Feldschlösschenbrauerei" – auf dem Hahneberg – ein. Hier hatte man einen herrlichen Ausblick auf die sächsische Residenzhauptstadt. Auch in den anderen Himmelsrichtungen gab es genügend Ausflugsziele für jede Bevölkerungsschicht. Alle waren gut zu Fuß erreichbar.

Ein noch näheres Stück „Natur" eröffnete sich ihnen nach dem Ende der Napoleonischen Kriege. Der Kgl. Große Garten wurde der breiten Öffentlichkeit zugänglich gemacht. Einige der dort beschäftigten Hofangestellten besaßen schon eine aus den letzten Jahrzehnten des 18. Jahrhunderts ausgestellte Schankberechtigung. Doch sie konnten als Gäste nur jene Privilegierte bewirten, die auch die Erlaubnis hatten, das große Areal zu besichtigen.

So finden auch in einem Reiseführer aus dem Jahre 1820, diese Ausflugslokale kaum Erwähnung. Noch wurde nicht registriert, dass sich die Zeiten geändert hatten. Unter der einheimischen Bevölkerung und auch den Besuchern der Stadt war ein Ausflug dorthin schon längst zum Geheimtipp geworden. Es gleicht einer Puzzlearbeit, erste Eindrücke von der gastronomischen Entwicklung in diesem Areal zusammenzufügen.

Erst nach den Napoleonischen Kriegen wurde der Große Garten für die breite Öffentlichkeit zugänglich.

Schon kurz nach der Öffnung gehörte das ursprüngliche Haus des Fasanenjägers zu einer beliebten Einkehrstätte. Bereits in der Mitte der 1810er Jahre wurde hier ein „Concert-Pavillon" errichtet. Zahlreiche Gartenplätze luden zum gemütlichen Verweilen ein. Musikkapellen spielten auf. Bei Speis und Trank ließ man es sich gut gehen. Gestärkt unternahm man dann noch weitere Spaziergänge durch das ehemals geschlossene Areal oder machte sich auf den Heimweg. Hier traf sich das bürgerliche Publikum. Im Dresdner Volksmund entstand der Name „Große Wirtschaft".

Das Provisorium wurde bereits im Jahre 1819 wieder abgerissen. Zwei Jahre später wurde ein zeitgemäßer Neubau mit Konzertsaal eröffnet. Im Juli 1821 wurde der Komplex ohne große Feierlichkeiten eröffnet. Einen Einzugsschmaus gab es erst im November gleichen Jahres. Ehemalige Studenten, die von 1790 bis 1795 in Wittenberg studiert hatten, trafen sich hier zu einer Wiedersehensfeier.

Reiseerinnerungen aus dem Jahre 1822 geben ein anschauliches Bild über die Anfänge der Gastronomie im Großen Garten. So berichtet der Kammerherr Carl von Voß von seinen Dresdner Entdeckungen.

Am Himmelfahrtstag besuchte er mit Freunden das „Restaurationshaus". Er fand ein dichtes Gedränge von Menschen vor. Nur schwer konnte man sich durch die zahlreichen Kaffeetische und Stühle durcharbeiten, bis endlich freie Plätze gefunden wurden. Ein solches Gedränge mochte er eigentlich nicht. Entschädigt wurde er aber dadurch, dass er einen bekannten Schriftsteller unter den Besuchern entdeckte. Es war Jean Paul, der zu den bekanntesten deutschen Literaten am Anfang des neunzehnten Jahrhunderts gehörte. 1814 lebte und arbeitete er in der sächsischen Residenzhauptstadt. Als Ausgleich zu seiner anstrengenden geistigen Tätigkeit kehrte er gerne hier ein. Nur wenige der anderen Gäste nahmen Notiz von diesem berühmten Mann.

Und auch unser gebildeter Kammerherr konnte in seinen Briefen seine Enttäuschung nicht verbergen. So schreibt er:

„... Wie wird mich die Erinnerung an seine Persönlichkeit beym Genuß seiner Schriften stören! Ein kurzer, schwammig dicker Kerl mit herunterhängenden Backen und nichtssagenden Augen, mit einem Teint von der Farbe des Bieres, das er mit Wein und starken Kaffee in ungeheurer Menge zu sich nehmen soll. Ein Strohhut von wunderlicher Form deckt den geistreichen Schädel, ein kaffeefarbiger, schäbiger Rock von altem Schnitte hängt um diese Figur, die in einem Paar fuchsrother Stiefel umherwatschelt; an einer Kurzen Leine hält er mit ängstlicher Aufmerksamkeit einen schmutzigen Pudel, den nämlichen vielleicht, der ihm die „Hundposttage" zutrug; für ihn lebt er allein, von ihm spricht er ganze Stunden und trennt sich nie von ihm, so dass er hier nur der pudelnärrige Jean Paul genannt wird."

Ungefähr zwei Wochen später besuchte der Kammerherr von Voß wiederum die „Große Wirthschaft". Dieses Mal war es trotz des gut gefüllten Gästegartens leichter, einem Platz an den zahlreichen Kaffeetischen zu finden. Wiederum hielt er seine Beobachtungen fest. Die starke Pudelliebe des berühmten Jean Paul konnte er nicht vergessen. Während er seinen Kaffee trank, sah er am Nachbartisch einige ältere Damen. Mit gleicher Herzlichkeit sprachen sie auf ihre Hunde ein. So konnte er nur folgendes Fazit ziehen:

„Die ‚hündische Zärtlichkeit' ist wohl nirgends so vorherrschend als hier. Auf allen Spaziergängen begegnen wir Damen, die ihre Hunde entweder selbst tragen oder sie von ihren armen schwitzenden Ehemännern sich nachtragen lassen ..."

10. Zu Gast bei Chiappone, dem teuersten Italiener am Ort

Einen gewissen Hang zum italienischen Geschmack war den Bewohnern der sächsischen Residenzhauptstadt nicht abzusprechen. Schließlich errichteten italienische Architekten die katholische Hofkirche und zahlreiche südeuropäische Handwerker erhielten hier Lohn und Arbeit. Auf dem Areal des heutigen Theaterplatzes entstand das „Italienische Dörfchen". Aus den provisorischen Unterkünften der Bauleute war im Laufe der Zeit ein Wohnviertel mit einem ganz eigenen Flair entstanden. Kleine Häuschen und die angelegten Gärten und Gassen brachten ein Stück italienischer Lebenskultur mitten in die Dresdner Altstadt.

Doch all die fleißigen Handwerker an der Dresdner katholischen Hofkirche wollten nicht auf ihre landestypischen Speisen verzichten. Mit ihnen kamen die italienischen Händler und Gastwirte. Auch so mancher nicht mehr gebrauchte Bauhandwerker eröffnete ein kleineres gastronomisches Unternehmen. Für die einheimische Bevölkerung bedeutete es ein Stück „Elbflorenz" in Dresden. Eine nicht zu unterschätzende Bereicherung für die Entwicklung des Gastgewerbes in der sächsischen Residenz. So *„spielen in der Dresdner Gaumen= und Feinschmeckerwelt auch die Italienerläden eine ganz vorzügliche Rolle"* heißt es in einer Reisebeschreibung aus jenen Jahren.

Schon längst hatten sich einige dieser kleinen Gastwirtschaften zu beliebten Treffpunkten der einheimischen Künstler etabliert. Berühmtheit erlangte Chiappone, einer der teuersten und doch auch beliebtesten Italiener in der Mitte der Dresdner Altstadt. Als zuvorkommend und sehr höflich wurde er beschrieben. Seine teuren Preise nahm man ihm nicht übel. Schließlich hatte sich hier einer der ersten Stammtische der „Dresdner Romantiker" etabliert. Hier konnte man den Dichter Ludwig Tieck, *„hinter einem Austernberge fast verschwindend, genießerisch sitzen sehen."* Am Ofen lehnte der Freischütztexter Friedrich Kind und huldigte dem Rheinwein. Weitere damalige bekannte Geistesgrößen Dresdens waren zu entdecken. Und auch der Komponist Carl Maria von Weber ließ es sich nicht nehmen, mindestens zweimal die Woche hier einzukehren.

Eigentlich waren es unscheinbare Gaststuben, im Hintergrund eines Verkaufsgewölbes, in unmittelbarer Nähe des Dresdner Schlosses. So erinnert sich der Sohn Max Maria von Weber in den 1860er Jahren an diese Einkehrstätte:

> *„... Hier, fast an der Ecke dieser und einer anderen, ähnlichen Straße, der Wilsdruffergasse, dämmert das Licht von zwei rötlich brennenden Astrallampen aus einem kleinen Laden, von dessen Decke Salami di Verona, Trüffelwürste, Pommersche Gänsebrüste, Bayonner Schinken in phantastischen Formen bis auf den Hut des Eintretenden herabhängen und dämonisch gestaltete Schlagschatten an die Decke werfen. Auf den langen Verkaufstischen liegen Lachse, Seefische und Haufen von Südfrüchten, stehen Terrines aux truffes du Perigord, Kaviarfäßchen und gewaltige grüne Käseglocken ..."*

Wenn sein Vater in den abendlichen Stunden eintraf, fand er immer jemanden, mit dem über allerhand Probleme diskutiert werden konnte. Manche Geistesfunken fanden hier ihren Anfang. Doch auch so manches lustig erzähltes Erlebnis oder eine andere überlieferte Posse sorgten für ausreichende Heiterkeit. Der Ausschank von fremden Bieren und Weinen sorgte für ausreichende Stimmung.

11. Der „Nasenball" im Gasthof Stadt Wien im Jahr 1826

An originellen Faschingsideen fehlte es in der sächsischen Residenzstadt Dresden nie. Zeugnisse aus dem gesamten 19. Jahrhundert beweisen, dass auch hier das bunte Treiben sehr geschätzt wurde. Neben großen Straßenaufzügen fanden die Maskeraden in den Ballhaussälen statt. Schon viele Wochen vorher waren die Veranstaltungen ausverkauft. Nicht selten mussten die Säle wegen Überfüllung geschlossen werden. Oft waren die Gastwirte selber von dem Besucherandrang überrascht. So auch im Februar 1826.

Schon seit Tagen liefen in der Dresdner Innenstadt maskierte Gestalten umher. Jedem vorübergehenden Passanten drückten sie eine Einladung in die Hand. Schmunzelnd las insbesondere die holde Weiblichkeit die ersten Verse:
„Kommt all' herbei, ihr schönen Stadtfrauhausen,
Gebt euch ein Stelldichein auf unserem Ball der Nasen!"

Wer überredete wen zum Besuch dieser Veranstaltung? Waren es die Ehemänner oder ihre angetrauten Frauen? Jedenfalls drängten sich über 900 Menschen in dem viel zu kleinen Saal. Jeder hatte eine Pappnase zu tragen. Auch für die angestellten Mitarbeiter des Gasthauses gab es keine Ausnahme. Türhüter, Kleiderbewahrer und Kellner liefen mit dicken, krummen Kartoffelnasen umher.

Geschäftstüchtige Barbiere der sächsischen Residenzhauptstadt boten bereits eine große Auswahl von Pappnasen an. Schon nach der Vorankündigung dieser originellen Veranstaltung hatte sich die Frage nach diesem Faschingsartikel enorm erhöht. Auch sie witterten ein erfolgreiches Geschäft.

Wohl denen, die eine der begehrten Eintrittskarten erstanden hatten. Sie erlebten eine Veranstaltung der Superlative. Auf der Speisenkarte konnte man zwischen solchen Gerichten wie Nasenkoteletts und Nasenragout wählen. Für den besonders durstigen Gast wurde ein Nasenschnaps in der Tropfsteinhöhle ausgeschenkt.

Der Höhepunkt des Abends war aber der glanzvolle Einzug des Königs Nasauroß aus Nasopotamien. Jener ritt auf einem Nashorn, welches aus Marzipan gefertigt worden war. Einige kräftige Männer steckten in dem Konditorkunststück. Nur so war ein Fortbewegen dieses „Fastnachttieres" möglich. Voran schritt eine Nasengarde. Den Abschluss dieses Festzuges bildete die Nasenartillerie. Jene machten ihrem Namen alle Ehre. Aus einem als Kartoffelnase geformten Mörser bombardierten sie die Ballbesucher mit allerhand Zuckerbäckerhandwerk.

Ja, das war ein Faschingsball, der nicht so schnell vergessen wurde. Noch Jahrzehnte später wurde darüber gesprochen.

12. Die „Kneipenmanie" im Dresden der 1830er Jahre

War es denn wirklich so schlimm in der alten sächsischen Residenzhauptstadt Dresden gewesen? Konnte man schon von einer regelrechten „Kneipenmanie" der Bevölkerung sprechen? Wie unterschied sich dieses gesellige Leben von dem anderer großer deutscher Städte? Über diese Fragen grübelte der stadtbekannte Zyniker Hermann Günther Meynert unter seinem Pseudonym „Janus" Anfang der 1830er Jahre. In seinem Buch *„Charaktergemälde von Dresden, grau in grau: für Alle, welche die Elbresidenz bewohnen und kennen zu lernen wünschen"* versuchte er Antworten zu finden.

Nach Beendigung der Napoleonischen Kriege gründeten sich eine Vielzahl neuer gastronomischer Unternehmungen, auch in Dresden. Die einheimische Bevölkerung wollte die Leiden und Entbehrungen der unruhigen Zeiten vergessen. Aufbruchstimmung und

1832 gab es sechshundert Gaststätten unter Dresdens Dächern.

kollektives Besäufnis lagen nah beieinander. Steigende Zahlen des Fremdenverkehrs taten ihr übriges. Königliche Sammlungen, der Große Garten und die Brühlsche Terrasse konnte nun auch das zahlungskräftige Bürgertum besuchen. Und einheimische wie auswärtige Besucher nutzten dieses Angebot zahlreich. In den engen Gassen der Dresdner Alt- und Neustadt gab es mittlerweile viele Speise- und Schankwirtschaften. Im September 1832 zählte die „Stadt-Polizei-Deputation" insgesamt 660 Stätten, wo Branntwein, Wein und Bier ausgeschenkt wurden. Jene Zahl teilte sich in 52 Hotels und Gasthöfen, 443 Gastwirtschaften mit oder ohne Branntweinschank sowie 165 „Victualienhändler", die ebenfalls die alkoholischen Getränke verkaufen durften.

Es gab also ein breit gestaffeltes Angebot. Trotzdem grübelte „Janus" weiter. Was machte den Dresdnern dieses „Kneipenleben" so anziehend? Waren es die zahlreichen „Bierzirkel", die sich am Abend in ihrem Stammlokal trafen? Sicherlich schätzte auch er die Geselligkeit. Während sich die einen entspannen wollten, gab es auf der anderen Seite schon längst bekannte „Bierredner". Diese philosophierten lautstark über die aktuellen Bierpreise, dann über aktuelle Tagesereignisse und am späten Abend auch vorsichtig über die Politik. Den Gastwirt freute es. Der Umsatz stimmte und er konnte sich auch an den nächsten Tagen seiner Stammgäste sicher sein. Ein Teil seiner Gäste betrachtete es als kostenloses Schauspiel, andere als ihre abendliche Bühne. Irgendwie lief alles nach bestimmten althergebrachten Gesetzen. Eine heilige Gewohnheit – auch wenn auswärtige Kritiker es als den Dresdner Schlendrian bezeichneten. Das rührte die abendlichen Stammgäste kaum.

13. Eine ungewöhnliche Testamentserfüllung in der Waldschlösschen-Restauration

Es war das Dresdner Stadtgespräch im Mai 1843. Kurz vorher war der 70-jährige „Kriegssecretär" Johann Ernst Aderhold verstorben. Für reichlichen Unterhaltungsstoff sorgte die Verlesung seiner

Blick über die Elbe zur Waldschlösschen-Brauerei. Im Vordergrund der Raddampfer „Habsburg".

testamentarischen Bestimmungen. Er wünschte nur einen bescheidenen Sarg. 200 arme alte Leute (je 100 Männer und Frauen) aus der Anton- und Neustadt sollten ihn zu seiner letzten Ruhestätte begleiten. Mit der Auswahl waren die Vertreter der Armenversorgungsbehörde beauftragt.

„Vor Abgang des Leichenzuges sollen diese 200 Personen durch Essen und Trinken gehörig gestärkt werden, damit sie Kräfte zum Gehen haben und recht straff gehen können", heißt es in seinem Testament. Nach erfolgter Beerdigung sei jedem ein Taler auszuzahlen.

Eine doch recht ungewöhnliche Aufgabe für seinen Testamentsvollstrecker. Ausreichend Bedürftige wurden in der sächsischen Residenzhauptstadt sehr schnell gefunden. Auf der Suche nach einem geeigneten Gastraum zum „Leichenschmaus" entschied er sich für die vor wenigen Jahren neu eröffnete „Waldschlösschen-Restauration".

Am 2. Mai 1843 herrschte in Dresden herrliches Frühlingswetter. Dieses begünstigte natürlich die Stimmung der eingeladenen 200 Trauergäste. Ein zeitgenössischer Chronist berichtet:

„... An der Ecke der ersten Tafel saß ein 101jähriger Greis, Namens Hähnel aus Antonstadt, mit seiner 88jährigen Ehehälfte und nun folgten in unabwechselnder Reihe die geladenen Gäste.

In Betrachtung dieser seltsamen Tafelrunde gewährte in der That einen höchst interessanten Anblick. Mit unverkennbarer Freude begrüßten die in ärmlichen, aber bestem Staate Erschienenen die wohlduftenden Gerichte, und wie Mancher mochte unter ihnen sein, der seit vielen Jahren keine so ausgesuchte und kräftige Mahlzeit genossen.

Den Anfang machte eine Bouillonsuppe, dann folgten Rindfleisch mit Reis, dann Kalbs= und Schweinebraten mit gebackenem Obst und endlich eine Viertelkanne Wein. Alle Portionen waren äußerst reichlich, und die Speisen der Gäste vortrefflich.

Zwischen den dicht besetzten Tafeln sah man den thätigen Wirth mit gewohnter Schnelligkeit hin= und hereilen, um die Aufmerksamkeit seiner Kellner zu überwachen, um jeden Wunsch seiner Gäste sofort zu befriedigen. Felsner schien sich's zur Ehrensache gemacht haben, jenen Armen mit derselben Aufmerksamkeit zu bedienen, als wären es die ersten Honorationen der Residenz.

Unter den Armen erblickte man auch einige jugendliche Gesichter, welche als Stellvertreter für die altersschwachen Aeltern, denen das Waldschlößchen zu weit gewesen, eingerückt waren. Während des Mahles hörte man von allen Seiten den seligen Wohltäter preisen und seiner dankbar zu gedenken.

Als der Braten aufgetragen wurde, waren wohl die Menschen gesättigt, und die fettende Speise wurde sorgsam in Papier eingewickelt, um noch für den nächsten Tag Etwas von dem leckeren Mahle aufzuheben. Selbst den Wein füllten Einige in mitgebrachte Fläschchen um sich zu Hause daran zu laben.

Als die Gespeisten die Terrasse verließen, konnte man unten an der Treppe wahrhaft rührende Scenen beobachten. Hier erwarteten Kinder, Enkel und Urenkel die altersschwachen Greise und Matronen, und die durch Speise und Trank Erquickten kramten mit wahrer Herzensfreude ihre Tafelüberbleibsel aus, um ihren Familienmitgliedern zu zeigen, wie gut sie bewirthet worden. ..."

Natürlich folgten sie alle noch dem Trauerzug, dankten dem Verstorbenen, ließen sich den Taler auszahlen und berichteten ihren Nachfahren von dieser ungewöhnlichen Trauerfeier.

14. „Lebt denn der alte Hauschild noch?"

Auch Dresden hatte ihren „Holzmichel" – zumindest in der Mitte des 19. Jahrhunderts. Wie viele anderer seiner Zeitgenossen ist er schon längst in Vergessenheit geraten. Nur noch alte Überlieferungen berichten von ihm. Wenn man dann abends in den vielen kleinen Lokalen Dresdens bei einem Glas Bier saß, gedachte man doch seiner. Schließlich war er – im schwarzen Anzug mit stets vorgestreckten Unterarmen und Händen – nicht zu übersehen oder überhören.

Oft stand er an den belebten Straßenecken der Dresdner Altstadt. Segnend breitete er seine Arme über seine Mitmenschen aus. Dann legte er los. Alle seine Gedanken quirlten durcheinander. Anschauungen über Religion, Politik, Moral und praktische Lebensgedanken. Das Publikum konnte ihm nur sehr schwer folgen. So war es auch nicht verwunderlich, dass Vorwitzige in seine „Predigten" hinein sprachen und die Gassenjungen dem Vorbild der Erwachsenen nacheiferten. Sie fingen an zu lachen und zu johlen. Der alte Advokat Hauschild ließ sich aber nicht beirren.

Wer war nun dieser seltsame Mann? Schon zu seinen Lebzeiten wurde darüber spekuliert. Im Jahre 1875 wohnte er im Haus Ritterstraße 7. Gleich im Hofe rechts. Jeden Tag verließ er frühmorgens mit Aktenbündeln – links vor der Brust – seine Wohnung. Die Freiberger Domschule soll er in seinen Jugendjahren besucht haben. Eine glänzende Karriere stand ihm bevor. Doch irgendetwas muss schief gelaufen sein. Nur so war zu erklären, dass er als ein sehr kleiner Advokat sein Brot schwer verdienen musste. Die Gerüchteküche brodelte, und es wurde nach Erklärungen gesucht.

„Lebt denn der alte Hauschild noch?"

Auch in den zahlreichen Gast- und Schankwirtschaften wird des Abends über den merkwürdigen Advokaten gesprochen. In feucht-fröhlichen Runden wurde seiner gedacht. So erinnert sich in den 1920er Jahren ein alter Dresdner an folgendes Erlebnis:

„*... Man habe gemeinschaftlich nach einer einfachen Weise die Worte immer wieder gesungen, jedesmal ein bißchen leiser, bis schließlich jeder seiner Nachbarn nur noch ins Ohr geflüstert habe: ‚Lebt denn der alte Hauschild noch?' Auf einmal aber sei man aufgesprungen und habe laut und stürmisch gesungen: ‚Ja, ja er lebet noch, sitzt auf der Bank und wackelt noch!' ... Bierspiele strotzten immer von ‚geistiger Genügsamkeit' ...*"

Ein Stellmacher, der mit dem verdrehten Wanderprediger Mitleid hatte, gab ihm Obhut. Er wollte nicht, dass sich dieser Mann weiterhin auf der Straße lächerlich machte. Doch mit einem konnte er nicht rechnen, Hauschild hatte immer wieder Sehnsucht nach der Straße. Ob man nun seine Botschaft verstand oder nicht, der Kontakt zu den Menschen war ihm sehr wichtig. Am 21. Januar 1889 starb er fast 80-jährig im Stadtkrankenhaus Dresden. Noch viele Jahre nach seinem Tod wurde in den Gasthäusern die Melodie: „Lebt denn der alte Hauschild noch" angestimmt. Und weiterhin sprang man von den Stühlen und bestätigte „Ja, er lebt noch, sitzt auf der Bank und wackelt noch!"

15. „Zu Gast beim Vater Kohl"

Die Weinschenke von „Vater Kohl" lag in dem alten Hause der Dresdner Leinweber-Innung, in der Webergasse Nr. 6. Um sie zu erreichen, musste man zunächst über eine Art Hof. Links führte dann eine Treppe in den ersten Stock des Hinterhauses. Hier hatte er früher eine Art von Winkelschule geführt, einmal wöchentlich wurde Unterricht abgehalten. Dieser bestand hauptsächlich in Religion. Zur Belohnung für gute Leistungen erhielten die Kinder vom „Vater Kohl" allerhand Kleinigkeiten wie bleierne Fingerringe, Mundsemmeln, Fenchelbrot, Zuckerzeug. Wenn eines nicht gefolgt hatte oder es ihm gottlos erschien, setzte es Strafen. Diese waren dann: Knien auf einem Erbsensack, das Halten einer großen, schweren Bibel und in besonders schweren Fällen

Vater Kohl war wegen seiner Grobheiten berühmt-berüchtigt.

gab es sogar Hiebe mit einem Kuhschwanz. Es dauerte nicht lange, und Kohl geriet mit den Behörden in Konflikt. Die Obrigkeit setzte dann diesem „Schulbetrieb" ein Ende.

Aus dem früheren Lehrer wurde nun ein Gastwirt. Zunächst nutzte er das ehemalige Schulzimmer als Weinausschank. Später dann verlegte er diesen in den darunterliegenden Keller. Über alte ausgetretene Stufen gelangte der Gast in die Wirtschaft.

Über dem Eingang hing ein Schild mit der lakonischen Aufschrift „Hier ist Kohl". Rings an den Wänden standen Bänke und Tische; an der Decke hing eine große Sonne und aus einer Mauernische leuchtete ein weißes Kruzifix hervor. „Vater Kohl" selbst saß mit seinem dicken runden Gesicht in einem Lehnstuhl am Eingang. Auf dem Kopf trug er ein schwarzes Käppchen, um den Leib eine blaue Schürze.

In der Regel wurde „Vater Kohl" um seiner Grobheit willen besucht, die aber nur durch Herausforderung hervorbrach. Die Gäste kamen zu ihm, um seine Grobheiten zu hören oder um ihn zu „veralbern". Dann freilich wurde er grob. Bald war es bekannt, dass „Vater Kohl" gewisse Fragen nicht leiden konnte, auf die er dann stets stereotype Antworten gab.

„Sage mal, Kohl, wozu ist denn die Sonne da?"
„Um dir in die Tasche zu sehen, ob du Geld zum bezahlen hast, du dummer Peter!"

Wenn ihn ein Pärchen besuchte, so nannte er den Mann regelmäßig Peter, dessen Frau oder Braut Liese, unter Umständen auch „dumme Liese". Aber auch Lotte oder „meine Schote" verwendete er häufig.

Fragte sein Gast nach der Zeitung, so verwies er ihn allemal an ein gewisses Örtchen, hinzusetzend:
„dort find'st du se gedruckt und gestempelt ..."

Wer eine Zigarre verlangte, erhielt eine Knackwurst.

Ganz empfindlich reagierte er, wenn sein Wein mit Essig verglichen wurde.
„Na Kohl, gib mal eine Flasche von deinem Essig her!" –
„Sauf dich doch zu Tode, du Lausewenzel!"

Ging es dann an das Bezahlen und der Gast fragte:
„Was bin ich schuldig?"
hieß es stets
„Die Semmel fimmf Groschen, die Knackwurst zwee Groschen. Der Wein kost's nischt."

Es gibt Meinungen, dass von ihm der in Dresden bekannte volkstümliche Ausdruck „kohlen" oder „Kohl machen" stammt. Auch zwei andere Redensarten Kohls wurden noch sehr häufig benutzt: „'s bleibt sich gleich", und „'s wird sich finden".

Vater Kohl wurde über 70 Jahre alt. Ende Juli 1862 verstarb er. Seine „Sprüche" sind aber geblieben.

16. „Prinz Napoleon, der traurige Gastwirt"

Dresden in der Mitte des 19. Jahrhunderts. Ein kleines Wirtshausschild in der Webergasse weist auf eine kleine Gaststube hin. Der Weg führt durch einen dumpfigen Hausflur. Eine kümmerliche Öllampe hilft zur Orientierung. Nachdem der Eintretende die Gaststubentür gefunden hat, erblickt er eigentlich nur ein düsteres Zimmer. In der Mitte des Raumes steht ein großer runder Tisch, umgeben von einigen Stühlen. Ein weiterer kleinerer befindet sich am Fenster. Vermutlich diente er vor langen Jahren zum Nähen. Nun wird er als Schreibtisch genutzt. Ein Wandschrank und ein Bild von Napoleon komplettierten das Gesamtbild.

Eigentlich nichts Besonderes. Eine kleine Weinstube, die sich von den zahlreichen anderen in der Residenz kaum unterscheidet. Und doch hatte sie etwas Geheimnisvolles und Unerklärbares. Die Ähnlichkeit des Gastwirtes mit dem Kaiser Napoleon Bonaparte war unverkennbar. Neugier und Sensationslust brachten ihm zahlreiche Gäste. Fragen nach seiner Herkunft beantwortete der eher verschlossen wirkende Gastwirt nicht. Schließlich hatte er sich fast täglich den Fragen wissensdurstiger Gäste zu erwehren. Wurde er auf eine vermutliche kaiserliche Abstammung angesprochen, so ging er nur stumm an seinen Wandschrank. Dort lagerten die Broschüren, welche über sein Schicksal berichteten. Mit bitteren Worten überreichte er sie dem Gast. „Hier werden Sie alles Nähere erfahren. Das Stück kostet 2 ½ Neugroschen."

Aus dieser Broschüre ist zu erfahren, dass er gleich nach seiner Geburt im Jahre 1813 einer herumziehenden Zigeunertruppe übergeben wurde. Dieses geschah mit der Namensangabe Ernst Graf. In seiner Jugendzeit schlug er sich als Artist durch. Ab 1830 konnte er – aufgrund eines Beinbruches – den erlernten Beruf nicht mehr ausüben. Ihn zog es zurück nach seiner Heimatstadt Dresden. Als Person ohne Ausweispapiere sollte er ausgewiesen werden. Ein weiteres Leben in Wanderschaft stand ihm bevor. Glück im Unglück hatte er, dass in Dresden zu dieser Zeit gerade ein Raubmörder gesucht wurde. Er kam als Verdächtiger in Polizeigewahrsam. Bald stellte sich aber heraus, dass Ernst Graf ein unschuldiger Landstreicher war. Seiner guten Führung wegen fanden sich Gönner, die dem geistig völlig verwahrlosten Menschen eine Ausbildung zuteilkommen ließen. Der junge Mann erhielt Rechen-, Religions- und Leseunterricht. Er blieb in der sächsischen Residenz und ernährte sich als Schreiber und Lohndiener.

Im Jahre 1849 hat er sich bereits als Schankwirt und Agent eines „Dienstbotenvermittlungsbureaus" etabliert. Je älter er wurde, umso mehr fiel seine Ähnlichkeit mit Napoleon Bonaparte auf. Etwa in jener Zeit bekam er Besuch von einem gewissen Herrn Liesenberg. Dieser war in Dresden kein Unbekannter. In den Jahren 1812/13 war er als französischer Spion und enger Vertrauter der Gräfin Kielmannsegge bekannt, die in völliger Zurückgezogenheit in einem Schlösschen im Plauenschen Grunde wohnte. Zwischen Liesenberg und der Gräfin waren Streitigkeiten ausgebrochen. Liesenberg glaubte von der Gräfin ungerecht behandelt worden zu sein und wollte ihr das heimzahlen, indem er ein ihm anvertrautes Geheimnis verriet. Er erklärte dem Schankwirt Ernst Graf:

„Du bist ein Sohn der Gräfin Kielmannsegge und Napoleon Bonapartes."

Der Schreck des Gastwirtes war sehr groß. Zulange beschäftigte er sich schon mit der Frage, wer seine Eltern waren. Der „hohe" Herr versprach ihm, alle erforderlichen Beweise zu besorgen. Diese würden es ermöglichen, die Gräfin zur Anerkennung seiner Sohnesrechte zu zwingen. Doch Liesenberg starb wenige Tage nach seinem Besuch.

Ernst Graf, der Schankwirt, beschloss trotzdem zu handeln. Das innige Verhältnis der Gräfin Kielmannsegge zu Kaiser Napoleon war allgemein bekannt. Er näherte sich der Gräfin, doch die Türen blieben ihm verschlossen.

So wandte er sich an den französischen Gesandten in der sächsischen Residenzhauptstadt. Dieser riet ihm, seine Angelegenheiten dem Prinzen Louis Napoleon in Paris vorzutragen. Der Neffe des berühmten Kaisers hatte kurz zuvor die Staatsgeschäfte in Frankreich übernommen. Mit finanzieller Hilfe der sächsischen Gesandtschaft machte sich Ernst Graf auf die lange Reise. Hier erregte er zwar großes Aufsehen, soll auch in geheimnisvoller Weise an das Grab „seines Vaters" geführt worden sein, trotzdem kehrte er erfolglos in seine Schankwirtschaft auf die Webergasse zurück.

Vielleicht gab es aber doch einen kleinen Erfolg? Er nannte sich nun „Ernst Graf, Prinz Napolcon Bonaparte". Weder die französische Gesandtschaft noch die Dresdner Polizei erhoben einen Einspruch gegen diese Namensbezeichnung.

Hier endet der Bericht dieser kleinen Broschüre. Die neugierigen Gäste konnten nicht ahnen, wie diese ungeklärte Geschichte in dem wortkargen Wirt nagte. Mitte der 1860er Jahre stürzte er sich in die Fluten der Elbe. Fragen und Erinnerungen blieben zurück.

17. Ein Ausflug nach Blasewitz in der Mitte des 19. Jahrhunderts

Um 1850 konnte man einen Ausflug nach Blasewitz durchaus noch als Landpartie bezeichnen. Am Weg von der sächsischen Residenzhauptstadt Dresden befanden sich noch zahlreiche weite Felder. Einen herrlichen Anblick boten die langgezogenen Loschwitzer Weinberge am anderen Elbufer. Meist mehrere befreundete Familien unternahmen sonntags gemeinsam einem Spaziergang. Voneweg die Kinder, danach folgten die Mütter, während die Familienväter den Abschluss der kleinen „Karawanen" bildeten.

Wenn sie die ersten Häuser des Dorfes Blasewitz erreichten, freuten sich alle auf eine Kaffee- und Kuchentafel. Es war Tradition, zuerst beim Bäckermeister Gerischer einzukehren. Jener hatte an seinem Haus die Werbung anbringen lassen: „I, Potz Blitz, hier ist ja der

Erst nach dem Bau des „Blauen Wunders" verlor der Schillerplatz sein ländliches Gepräge.

Bäcker von Blasewitz!" So erinnert sich ein Zeitzeuge noch viele Jahrzehnte später an den angenehmen Aufenthalt:

> „... es gab bei ihm guten Kaffee und außergewöhnlich große Stücke Kuchen, eine besondere Anziehung für die Damen und Kinder, außerdem gab es, und zwar gratis, sprudelnden gesunden Humor und derben Witz, worüber sich die Herren weidlich amüsierten ..."

So vergingen ein paar gemütliche Nachmittagsstunden. Während die Kinder die nächste Umgebung der Bäckerei erkundeten, saßen ihre Mütter am Tische und strickten eifrig. Ohne Strickstrumpf ging damals eine ehrsame Bürgersfrau kaum außer Haus. Die Herren unterhielten sich angeregt und manchmal „politisierten" sie auch vorsichtig. Meist kamen sie nach ihren angeregten Diskussionen auf die Idee, noch eine Partie Billard spielen zu gehen.

So war ein Grund gefunden, in dem naheliegenden Gasthof einzukehren. Irgendwie schafften sie es immer wieder, ihre Frauen von dieser „Notwendigkeit" zu überzeugen. Schließlich befand sich dort das einzige Billard weit und breit. Und so zog die Karawane weiter, vorbei an den unzähligen kleinen Bauernhäusern, zum Dorfplatz.

Gleich links, neben der großen Tordurchfahrt des Gasthofgebäudes, befanden sich die Schankräume und das Billardzimmer. Begeistert sahen die Kinder und Frauen dem Spiel der Väter zu. Als es zu dämmern anfing, wurde über den Billardtisch eine Öllampe angezündet. Auf den anderen Tischen wurde jeweils ein „Insellicht in schwerem Drahtleuchter" aufgestellt. Eine Lichtputzschere legte man daneben, und ein Fidibusbecher fehlte nicht.

Schließlich beendeten die ermüdeten Billardspieler ihr Turnier. Eine weitere lange Beratung begann unter den Erwachsenen. Die Väter machten den Vorschlag, ob man nicht heute mal über die Strenge hauen sollte. Schließlich sei doch Sonntag. Die Familien könnten doch auch hier zu Abend speisen. Dieser Vorschlag fand allgemeine Zustimmung. Wenig später kamen dann große Portionen von Brot, Butter und Ziegenkäse auf den Tisch. Weiter heißt es in den Kindheitserinnerungen eines alten Dresdners:

> „... Auch getrunken wurde dazu. Für jede Familie kam ein turmhohes, eigentümlich geschwungenes Glasgefäß mit riesigem Henkel, eine Kanne haltend und mit einem grünlackierten Blechdeckel versehen, auf den Tisch. Es enthielt ein dunkles einfaches Bier, an dem sich Mutter und Kinder abwechselnd labten. Die Herren aber tranken ihr ‚Debbchen Lager' und einer oder der andere vielleicht noch eins ..."

Doch irgendwann endete auch der schönste Ausflug in Dresdens Umgebung. Diesmal setzten sich die Ehefrauen mit ihrem Vorschlag durch. Sie drängten zum Aufbruch. Ein langer Heimweg stand noch bevor. Und so zog eine von vielen „Karawanen" wieder zurück in das benachbarte Dresden. Die Kinder voran, dahinter die wachsamen Mütter und den Abschluss bildeten die glücklichen Familienväter.

18. Die Gastwirtsfamilie Renner – Die bekannteste Adresse im 19. Jahrhundert in Dresden

Die Geschichte einer der bekanntesten Dresdner Gastwirtsfamilien beginnt im Jahre 1786. Damals eröffnete der Brauer Friedrich Christian Renner eine Schankwirtschaft an der Pirnaischen Straße. Auch sein Sohn interessierte sich für das Gastgewerbe. Jener eröffnete 1793 sein erstes Geschäft in der Borngasse, die vor dem Seetor lag. Wenig später etablierte er sich im Herzen der Dresdner Altstadt. In einem Haus an der Schlossstraße entstand sein neues gastronomisches Unternehmen. 24 Taler Miete hatte er aufzubringen. Das Geschäft schien recht erfolgreich verlaufen zu sein. Jedenfalls schlug der Eigentümer des Hauses ab dem Jahre 1804 weitere 6 Taler auf die Pachtsumme auf. Dieses war für den Gastwirt zu viel. Er löste den Vertrag und verlegte seine gastgewerbliche Tätigkeit „auf den sogenannten Sand". Damit wurde das Gebiet vor dem schwarzen Tor in der Neustadt bezeichnet. Vermutlich bewirtschaftete er zeitweise den Gasthof „Grüne Tanne" an der Landstraße nach Königsbrück.

Doch zog es Renner wieder zurück in Dresdens Altstadt. Es wird um 1810 gewesen sein, als er ein geeignetes Objekt fand. Es befand sich inmitten des ursprünglichen Italienischen Dörfchens. So wurden die vielen kleinen Häuschen genannt, die lange vor dem ersten Hofopernbau am heutigen Theaterplatz entstanden waren. Ihren Ursprung verdankten sie den zahlreichen italienischen Handwerkern, die mit dem Bau der Hofkirche beauftragt waren. Schon längst galt der Bummel durch jenes dörfliche Viertel in der Altstadt als Geheimtipp. Schließlich gab es hier die ersten „sogenannten Italienerläden", und auch die einheimischen Gastwirte schätzten das Ambiente. Im Sommer wurde in den kleinen Gästegärten eingeladen und im Winter waren es die kleinen Gaststuben, welche eine besondere Atmosphäre versprühten. Einfach ging es hier zu, von einer vornehmen Restaurantkultur war noch nicht die Rede.

Sehr schnell gehörte auch die neue Schankwirtschaft von Renners dazu. Im Jahre 1826 übernahmen seine beiden Söhne Adolf und Louis die „Rennersche Wirtschaft". Ihre berufliche Zukunft hatten die Söhne eigentlich nicht im Gastgewerbe gesehen. Adolf erlernte den Beruf eines Sattlers, Louis wurde Riemer. Beide befanden sich auf Wanderschaft, folgten aber sofort dem väterlichen Ruf. Das neue Gespann gewann schnell große Beliebtheit unter den Gästen. Adolf war wegen seiner leutseligen Art geschätzt. Bei seinem Bruder schätzte man den trockenen Humor.

Doch im Jahre 1840 kam eine traurige Nachricht. Die „Renner'sche Wirtschaft" musste abgerissen werden, wie auch zwei Drittel des Italienischen Dörfchens. Es musste Platz geschaffen werden für den Theaterneubau. Viele ehemalige Gastwirte gerieten in Vergessenheit. Nur wenige schafften einen Neuanfang. Dazu gehörte die Familie Renner.

Auf der naheliegenden Marienstraße errichteten sie ein neues Restaurationsgebäude. Sehr schnell entwickelte es sich zu einer beliebten Einkehrstätte. Vertreter der höchsten Gesellschaftskreise gehörten zum Stammpublikum.

Im Jahre 1858 übernahm – zunächst als Teilhaber – der Sohn von Adolf Renner die gastronomische Leitung des Unternehmens. Vater und Onkel wollten sich langsam zur Ruhe setzen und gaben der nächsten Generation eine Chance. Dieses war eine große Chance für den 35-jährigen Louis Oscar Renner. Zeit seines Lebens wird er sich stets als „deutscher Schankwirt" bezeichnen. Er brauchte keine sieben Jahre, um zu den führenden Dresdner Gastwirten zu gehören.

Dresden im Jahre 1865. Die Stadt fieberte einem großen Ereignis entgegen. Erstmals trafen sich hier Tausende Chöre aus ganz Deutschland zum großen Sängerbundesfest. Eine große Festhalle wurde auf der Elbwiese vor der Waldschlösschenbrauerei errichtet. Jene musste auch gastronomisch bewirtschaftet werden. Zahlreiche einheimische Gastwirte bewarben sich dafür beim Festkomitee. Den Zuschlag erhielt Louis Oscar Renner. Erfolgreich meisterte er diese logistische Großleistung. Nun war er nicht nur stadtbekannt, sondern in ganz Deutschland wurden seine herausragenden Leistungen verbreitet.

In den nächsten Jahren konnte er sich über zahlreichen Besuch in seiner Wirtschaft an der Marienstraße freuen. Bereits im Jahre 1867 führte er das Pilsner Urquell in seiner Lokalität. Drei Jahre später folgte das beliebte Culmbacher Bier. Neue Sorten folgten in den nächsten Jahren. Denn neben der Bewirtschaftung seines Restaurantbetriebes baute er ein zweites Standbein auf. Er entwickelte sich

zum Biergroßhändler. In einer alten Gewerbeamtakte befindet sich ein Geschäftsbrief, der Ende der 1870er Jahre geschrieben sein dürfte. Interessant ist vor allem der imposante Briefkopf. Neben dem Restaurationsbetrieb wird ausdrücklich das „Bier-Grosso-Geschäft" hervorgehoben. Renner bezeichnet sich unter anderem als:

– Alleiniger Vertreter des Bürgerlichen Brauhauses PILSEN für die östliche Hälfte des Königreichs Sachsens
– General-Vertretung der Brauerei zum Spaten MÜNCHEN für das Königreich Sachsen.

So verlagert er auch zunehmend seine geschäftlichen Aktivitäten auf den Bierhandel. Den Restaurationsbetrieb verpachtete er. Drei Pächter versuchten ihr Glück, ohne viel Erfolg. Im Jahr 1881 übernahm Renner wieder die Leitung der Gastronomiegeschäfte. In jenen Jahren firmierte er auch erstmals unter den Namen „Drei Raben". Sieben Jahre später fand er wieder einen geeigneten Pächter. Es handelt sich hierbei um Ludwig Röttger. Endlich konnte er sich wieder auf den „Bier-Grosso-Handel" konzentrieren.

Spätestens seit dem Jahre 1865 war Oscar Renner als begeisterter Chorsänger bekannt. Mit seinen Brüdern Adolph, August und Emil bildete er ein Gesangsquartett, das künstlerisch weit über die Leistungen vergleichbarer Zusammenschlüsse hinausragte. Eifrig engagierten sie sich in der „Dresdner Liedertafel". Am 13. Juni 1897 starb Oscar Renner. Die Biergroßhandlung wurde vermutlich von einem Nachkommen weitergeführt. An den geschäftlichen Erfolg konnte dieser aber nicht anknüpfen. Die Bewirtschaftung der „Drei Raben" übernahm im Jahre 1899 Carl Radisch. Wenig später wird er auch Eigentümer. Die interessante Geschichte der Familie Renner geriet zunehmend in Vergessenheit.

19. Sommerfest in der Brauerei zum Felsenkeller im Jahre 1861

Um 1857 wurde der Grundstein der „Felsenkeller-Brauerei" gelegt. Als besondere Sehenswürdigkeit galten die in den Felsen getriebenen Lagerkeller. In dieser Zeit gab es noch keine Kühlaggregate, die für eine konstante Temperatur des Bieres sorgten. Überhaupt verdankt die Vorortgemeinde Plauen ihren Ruf – neben Fabriken – den Brauereien. Zum Beispiel wurden hier das beliebte „Reisewitzer" und „Feldschlösschen" gebraut. Plauens Wohlstand gründete auf diesen geschäftlichen Erfolgen. Eine wohlhabende Vorortgemeinde und ein beliebtes Ausflugsziel vor den Toren Dresdens.

Im Jahre 1861 wurde im neuen Brauereigelände zum großen Sommerfest eingeladen. Zwei Tage im Juli gab es ein Erlebnis, wie es die Dresdner noch nicht gesehen hatten. Großflächige Inserate in der örtlichen Tagespresse wiesen auf diese Veranstaltung hin. Für ausreichende Verkehrsanbindung war gesorgt. Jede Stunde verkehrte ein „Pferde-Omnibus" nach Dresden. Der erste Haltepunkt befand sich in der Neustadt. Am Theaterplatz stiegen weitere Gäste hinzu. Weitere Stationen folgten auf dem Wege zum Plauenschen Grund. Zudem setzte die „Albertbahn" Sonderzüge ein. Beide Verkehrsunternehmen waren auch auf die Heimfahrten eingestellt. Nach zehn Uhr abends verdoppelten sie aber ihre Preise.

Die großartigen Ankündigungen lockten natürlich viele Besucher an. Es war ein wahres Volksfest. Das herrliche Wetter begünstigte zudem die Feier. Tausende Besucher machten sich auf den Weg. Im Brauereigelände waren zahlreiche Tische und Bänke aufgestellt. Hier konnte das hauseigene Bier genossen werden. Deftige Speisen erhöhten das Wohlbefinden. Engagierte Kapellen und Chöre sorgten für ausreichende Unterhaltung. So warteten die Gäste auf die versprochenen Höhepunkte des Abends.

Am ersten Festtag bewunderten sie die hervorragend arrangierte „Illumination". Dafür wurde die gesamte Umgebung der Brauerei mit einbezogen. Von den Bergspitzen und anderen markanten

Auch die Felsenbrauerei begründete den Wohlstand der Vorortgemeinde Plauen.

Punkten leuchteten bengalische Lichter. Glanzpunkt des gesamten Sommerfestes war aber das abschließende Feuerwerk am zweiten Tage. Die Ausführung glich einer wahren Inszenierung. So berichtete unter anderen das „Dresdner Journal":

> „Die Plattform des Alberttunnels mit ihren steinernen Zinnen und Thürmchen stellten auf dem linken Weißeritzufer die belagerte Festung dar. Auf der rechten Seite von der Belagerungsarmee occupiert. Während nun letztere ein strahlenförmig convergirender, sich mehr verstärkendes Raketenfeuer über das Thal und die Brauerei hinweg in die Tiefe nach der Festung hinab unterhielt, hatten trotz mehrfacher durch das Feuer der Angreifer verursachter Explosion die Belagerten dieses Feuer nach allen fünf Bergspitzen bis kräftig erwidert, bis endlich ihr Hauptpulvermagazin von einer Rakete entzündet wurde und (in einem schönen Bouquet von Leuchtkugeln, farbigen Lichtern usw.) explodirte. Den Schluß des Feuerwerkes bildete nach Einnehmen der Festung das Sächsische Wappen mit dem Namenszuge Sr. Majestät des Königs in Brillantfeuer dargestellt".

Ein gelungenes Sommerfest, das in dieser Art und Weise aber nicht wiederholt wurde.

20. Die bedeutendste gastronomische Herausforderung im 19. Jahrhundert – Das erste Sängerbundesfest vom 22. bis 25 Juli 1865

Schon im Vorfeld des ersten Sängerbundesfestes gab es nicht wenige Bedenken. Ist Dresden überhaupt in der Lage, eine so große Veranstaltung auszurichten? Ähnlich gelagerte Sängertreffen gab es bereits 1861 in Nürnberg und 1863 in Leipzig. Beide waren reiche Handelsstädte und hatten genügend Erfahrung mit der Beherbergung und gastronomischer Versorgung zahlreicher Gäste.

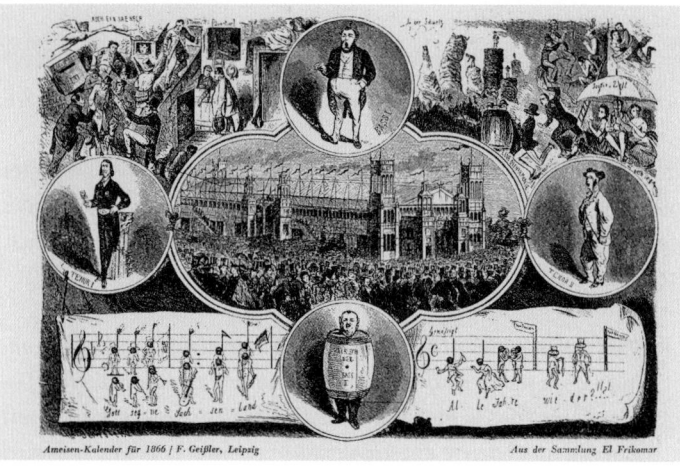

Die Original-Bildunterschrift aus dem Jahr 1931: Mag jeder Sänger das köstliche Bildchen eingehend betrachten! Mit innerem Schmunzeln wird er sich am Sänger-Humor von 1865 erfreuen.

Es gab nicht wenige Lokalpatrioten und Skeptiker, die ihre Zweifel anmeldeten, ob Dresden als Austragungsort die richtige Wahl sei. So argumentierten sie, dass „Elbflorenz" doch eher eine Stadt zahlreicher Behörden und Beamter sei. Weiterhin werden die zahlreichen „Privaten" genannt, welche sich hier zur Ruhe gesetzt hätten. Ihr Hauptargument war aber, dass sie es sich nicht vorstellen konnten, ob es überhaupt möglich sei, die zahlreichen Besucher zu beherbergen.

Schließlich bekam doch die sächsische Residenzhauptstadt den Zuschlag zur Ausrichtung dieser großen Veranstaltung. Überzeugende Argumente waren sicherlich die herrliche Lage, die Barockbauten, „eine Fülle von weltgerühmten Schätzen der Kunst und Wissenschaft, reiche geschäftliche Erinnerungen" sowie die freundliche und entgegenkommende Bevölkerung. Mit viel Engagement ging es Anfang 1865 an die Vorbereitungsarbeiten.

Als Veranstaltungsort wurde das Neustädter Elbufer gewählt. Das Festgelände begann am „Lincke'schen Bad" und endete an der beliebten Ausflugsgaststätte „Elysium". Deren Terrassenanlagen boten – wie auch die der naheliegenden „Waldschlösschen-Restauration" – einen herrlichen Überblick. Nicht zu übersehen war die große Festspielhalle auf der Elbwiese. Architekt Giese schuf einen prächtigen Treffpunkt für Sänger und Gäste. Die Halle wurde als „Wunderbau der Neuzeit" gelobt. Im Inneren sah man ein säulenloses Hallenschiff, das von hölzernen Gitterträgern überdeckt wurde. Vier Haupttürme schlossen den Bau ab. Die Festhalle hatte eine Größe von 155 Metern Länge und 70 Metern Breite. Die hohe Halle war mit einer Fahnengalerie versehen. Über 12.000 Sänger und 20.000 Gäste fanden hier Platz. Weiter wird von der Inneneinrichtung der Festhalle berichtet:

„... Ein Werk der Skulptur schmückte das Hauptportal: Apollo, der Gott des Lichtes und der Sangeskunst, auf dem von vier Rossen gezogenen Sonnenwagen. Auf dem leinenen „Transparentfenster" waren 40 Bildnisse gemalt, die teils deutsche Dichter und Tonmeister darstellten, teils deutsche Landschaften und Ströme in Frauengestalten versinnbildlichten."

Im März 1865 begannen die Ausschreibungen zur gastronomischen Bewirtschaftung der Festhalle. Der Zuschlag war an konkrete Bedingungen geknüpft. Hier durfte nur „Dresdner Waldschlösschen= und ächt Bairisches Bier verschenkt" werden. Der Verkauf von alkoholfreien Getränken war den auf dem Festgelände angesiedelten Konditoren zu überlassen. Eine „warme Speisung" durfte - aus Brandschutzgründen – in der Festhalle nicht stattfinden.

Zahlreiche Dresdner Gastwirte bewarben sich trotz der strengen Auflagen. Die Wahl fiel schließlich auf Oscar Renner. Ausschlaggebend für diese Entscheidung des Festausschusses war wohl der Bekanntheitsgrad des einheimischen Gasthofbesitzers. Sein Fremdenhof an der Marienstraße gehörte zu den bekanntesten Einkehrstätten in der Altstadt. Viele Dresdner Gesangsfreunde trafen sich hier zu ihren wöchentlichen Proben. Und der Gastwirt selbst war als begeisterter Sänger bekannt.

Renner nahm die große Herausforderung an. Und er deckte sich mit zahlreichen Vorräten für den kalten Imbiss ein. 12.000 Semmeln orderte er für den Tag. Diese mussten auch belegt werden. Eine Tageschronik aus dem 19. Jahrhundert berichtete von den erforderlichen Mengen:

> *„1100 Pfd. Hamburger Rauchfleisch, 560 Pfd. Cervelatwurst, 1800 Stück Schinken, 1500 Pfd. Kaviar, 1500 Kannen Tafelbutter, 2000 Pfd. Küchenbutter, 60.000 Stück Eier, 10 Tonnen Heringe, 12 Liter Schweizerkäse, (...), 100 Kalbskeulen pro Tag."*

Aber auch zahlreiches Geschirr und Besteck waren erforderlich. Zahlen werden nicht genannt, aber die Aussage, dass über 80.000 Festpokale benötigt wurden, geben eine Vorstellung von dieser logistischen Glanzleistung.

Nebenbei bewirtschaftete er auch noch ein eigenes Festzelt. Jenes erhielt den Namen eines zu jener Zeit sehr bekannten Trinkliedes. Im Festsalon „Zum böhmischen Königstöchterlein" hatten über tausend Gäste Platz. Hier durfte auch warme Küche angeboten werden. Eine extra gelegte Gasleitung ermöglichte es. Und man ließ es sich gut gehen bei einem „Leitmeritzer Bier". Überhaupt glich das Festgelände dem eines riesigen Jahrmarktes. Allein aus den Ausschreibungsunterlagen ist zu entnehmen, was alles gesucht wurde.

> *„Größere Restaurationen, deren Inhaber sich zum Warmspeisen zu jeder Tageszeit weilend des Festes verpflichten, ferner die größeren Brauereien, Wein= und Delicatessenhandlungen, Kaffee= und*

Kuchenwirthschaften, Brod= und Semmelverkäufe, Hausschlachtungen, Große, nach Befinden auch als gemeinschaftliche Etablissements errichtete gute Wurstbratereien, Trinkanstalten für kohlensaure Wasser, Conditoreien. Ferner Handlungen mit Cigarren und Zündrequisiten; dergleichen mit allerlei auf das Fest sich beziehende Artikeln, photographische Ateliers, lithographische Pressen für Festzwecke ... vertreten sein möchten, und daß auch dortselbst womöglich ein gemeinsamer größerer Salon errichtet werde, in welchem nicht allein das Barbier-, Friseur- und Schneidergeschäft für die Festplatzbesucher betrieben, sondern des Letzteren auch nach Befinden Gelegenheit geboten wird, sich zu waschen und die Kleider reinigen zu lassen."

Ausgeschlossen waren Anmeldungen für Schaubuden, Karussells, Schaukeln, Kegelschübe, Bolzenbüchsenstände, Kasperletheater, Leierkasten, Würfelbunden, Schnapsverkäufe, Lotteriebuden sowie „Tanz= und Musiksalons".

Die Ausrichtung des ersten Sängerbundesfestes wurde für Dresden ein voller Erfolg. Über Generationen wurde über dieses Ereignis berichtet. Dresden hatte sich als Austragungsort eines solchen großen Ereignisses bewährt. Viele Gastwirte und insbesondere die einheimische Bevölkerung bestätigten erstmals den Ruf als Fremdenstadt. Aber es gab auch nicht wenige Geschäftsleute, die sich durch überhöhte Preise einen schnellen Gewinn versprachen. Auch damit musste Dresden in den kommenden Jahrzehnten leben.

21. Dostojewski in Dresden – Aus dem Tagebuch seiner jungen Frau

Es war Anfang Mai 1867. Frisch verheiratet mit seiner jungen Frau Anna Grigorjewna besuchte der bekannte russische Schriftsteller Dostojewski zum zweiten Mal Dresden. Wieder einmal war der von der Spielsucht befallene Fjodor Michailowitsch auf der Flucht vor seinen zahlreichen Gläubigern in seinem Heimatland.

Bei Helbig's, dem heutigen Italienischen Dörfchen, kehrte das Ehepaar Dostojewski gerne ein.

Ob er wohl ahnte, dass seine Ehefrau eine eifrige Tagebuchschreiberin war? Viele Jahrzehnte später wurden ihre Aufzeichnungen das erste Mal veröffentlicht. Eine Fundgrube über das Alltagsleben der Reisenden in der zweiten Hälfte des neunzehnten Jahrhunderts. Fast täglich hielt sie ihre Eindrücke und Erlebnisse fest. So ergibt sich auch ein Bild von dem damaligen Stand des Dresdner Gastgewerbes.

Nach langer Eisenbahnfahrt kam das Ehepaar Dostojewski in der sächsischen Residenzhauptstadt an. Ein russischer Freund hatte ihnen den Gasthof Stadt Berlin am Dresdner Neumarkt als Unterkunft empfohlen. Sie mieteten eine der zahlreichen Kutschen vor dem Bahnhofsgebäude. Nachdem das Gepäck verstaut worden war, ging die Fahrt los. Der Kutscher fuhr sie fast durch die ganze Stadt und wollte beide überzeugen, doch lieber im vornehmen „Victoria-Hôtel" oder im „British-Hôtel" Quartier zu nehmen. Seine Überzeugungskraft reichte aber nicht aus. Schließlich hielt das Gefährt vor dem gewünschten Ziel. 22 Silbergroschen verlangte er als Fahrpreis.

Das junge Paar läutete an der Türglocke des Gasthofes „Stadt Berlin" und sofort kam ein Hoteldiener angerannt. Ihr Wunsch, ein „möglichst einfaches Zimmer" zu mieten, wurde erfüllt. Er führte sie über lange Gänge und unzählige Treppen in die dritte Etage des Gebäudes. Das Zimmer 29 war ein sehr enges und langes Zimmer mit zwei Fenstern. Vielleicht waren es die roten Tapeten, die es wie ein Käfig wirken ließ? Lediglich der Blick auf den belebten Dresdner Neumarkt entschädigte den recht hohen Übernachtungspreis. Dostojewskis blieben erst einmal und bestellten sich einen Tee. Mit diesem dünnen Gebräu, wie er in der sächsischen Residenz zelebriert wurde, konnten sie überhaupt nichts anfangen.

Der erste Tag fing nicht gut an. Entspannung sollte ein Besuch der Gemäldegalerie und ein Bummel über die Brühlsche Terrasse bringen. Nach dem Vormittagsspaziergang kehrten sie wieder in den Gasthof Stadt Berlin zurück. Hier wollten sie zu Mittag speisen. Anna Grigorjewna wunderte sich über den seltsamen Brauch, dass es hier üblich war, gemeinsam um ein Uhr mittags an einer „Table d'hôtel" zu speisen. Späteres „À-la-carte-Essen" kostete das Doppelte. Ironisch mussten beide feststellen, dass sie an der gemeinsamen Tafel im Speisesaal die einzigen waren.

Sehr schnell war klar, dass ein längerer Hotelaufenthalt für die Dostojewskis nicht finanzierbar war. So gingen sie schon am ersten Tage auf die Suche nach einer anderen Unterkunft. Schließlich war ihnen bei ihrem ersten Stadtrundgang nicht entgangen, dass an zahlreichen Häusern mit der Vermietung von möblierten Zimmern geworben wurde. Und sie fanden ein preiswerteres Quartier in der Dresdner Johannesstraße. Es waren „zwei Zimmer mit Schlafkabinett". Nachdem sie sich eingerichtet hatten, begannen sie gemeinsam die sächsische Residenzhauptstadt zu erkunden. Dazu gehörte es auch, sich bei Speis und Trank zu stärken.

Auf ihren täglichen Spaziergängen entdeckten sie nun auch das gastronomische Dresden am Ende der 1860er Jahre. Recht schnell wurden sie auf „Helbig's Restauration" am Theaterplatz aufmerksam. Ein abendliches Souper war hier weitaus preiswerter als im „Belvedere" auf der Brühlschen Terrasse. Doch erst einmal besuchten sie die beliebte Promenade. Um fünf Uhr abends gingen sie dann zurück. Nach dem Abendessen tranken beide noch einen Kaffee auf der Veranda. Hier unten, direkt an der Elbe, genossen sie den herrlichen Ausblick.

Eine Woche später war es ihnen zu langweilig, nur zwischen der Brühlschen Terrasse und dem Theaterplatz spazieren zu gehen. Sie entdeckten als neues Ausflugsziel den Großen Garten. Jener lag nicht weit von ihrer Unterkunft in der Johannesstraße entfernt. Ihr Ziel war der seit einigen Jahren bestehende Dresdner Zoo. Auf eine Kutschfahrt dorthin verzichteten sie. Beide waren lieber zu Fuß unterwegs. So entdeckten sie einige kleine Ausflugslokale, wo sich ihr Mann Fedja bei einem Glas Bier stärkte und Anna eine Tasse Kaffee trank. Etwas verwundert nahm sie die Regelwut der Dresdner zur Kenntnis. So führten zum Zoologischen Garten drei Wege. Der erste Weg war nur für die Reiter bestimmt, der zweite für die Kutschen vorgesehen und als drittes gab es einen Fußweg.

„Welch seltsame Ordnung, geradezu ärgerlich – warum kann nicht jeder da gehen, wo er will; warum muß man denn immer unbedingt festlegen, wo einer gehen oder reiten darf?"

Das ist aus ihren Tagebuchaufzeichnungen zu erfahren. Weitere Ausflüge in den Großen Garten folgten. Sie schätzten die „grüne Lunge" der sächsischen Residenz.

In den nächsten Tagen folgten auch Dampfschifffahrten nach Loschwitz. Ihre Zimmerwirtin Mme. Zimmermann begleitete sie. Als Ortsansässige hatte sie vieles zu erzählen. Am linken Elbufer waren zahlreiche schöne Ausflugsgaststätten zu entdecken. Zum Beispiel das „Lincke'sche Bad", wo die Soldaten mit den Zimmermädchen tanzten, die Terrasse der „Waldschlösschen-Restauration" mit dem wunderbaren Blick auf die Stadt, wenige hundert Meter weiter die bescheiden wirkende „bretterne Saloppe". Danach tauchten die drei Elbschlösser auf. Die zahlreichen Weingärten verrieten, dass Loschwitz nicht mehr weit entfernt war. „Ein ziemlich kleines

Dorf, dessen Straßen immer mehr ansteigen und sich am Ende ganz in den Höhen verlieren", bemerkt Anna Grigorjewna. Mit dem sächsischen Wein konnte sie sich nicht anfreunden. Für ihren Geschmack war er schlicht zu herb. Weitere Anregungen für gemeinsame Exkursionen mit ihrem Mann Fedja hatte sie aber zur Genüge gefunden.

So wurde am 29. Mai 1867 beschlossen, im Waldschlösschen essen zu gehen. Sie wählten den kürzeren Weg aus der Dresdner Altstadt und ließen sich mit der Fähre über die Elbe setzen. Sie gingen am Ufer entlang und ihr Mann zeichnete sich an diesem Tag nicht gerade mit guter Laune aus. Ungeduldig fragte er alle paar Minuten, ob sie nicht schon bald am Waldschlösschen wären. Der Ärger riss nicht ab: Warme Mahlzeiten wurden nicht auf der Terrasse serviert. Statt der bestellten Beefsteaks kamen Koteletts. Nun dann ließ der Zahlkellner sehr lange auf sich warten. Das ärgerte Dostojewski sehr. Es war kein gelungener Ausflug und sie konnten auch nicht die Schönheit der Umgebung genießen.

Weitere Ausflüge beschränkten sich dann doch auf den naheliegenden Großen Garten. Mitte Juni 1867 erfolgte die Abreise. Zwei Jahre später kehrten sie nochmals für einige Monate zurück. Bei dieser Gelegenheit wurde ihre Tochter geboren.

22. Schildkrötenschicksale in Dresden

Spätestens ab der Mitte des 19. Jahrhunderts ist ein neuer Trend im Dresdner Gastgewerbe auszumachen. Dank der stetig besser werdenden Eisenbahnverbindungen hatte der Fremdenverkehr in den letzten Jahrzehnten sprunghaft zugenommen. Genauso wie es wenig später Eisenbahnwaggons der unterschiedlichsten Klassen gab, entwickelten sich die verschiedensten Preiskategorien in den Gasthäusern. Es wurde sich an der Vielfalt der Angebote von Paris orientiert. Vom kulinarischen Aspekt galt sie als die „Hauptstadt Europas".

Und es gibt einen wesentlichen Unterschied zu den Vorjahren. Zahlreiche auserlesene Speisen oder Getränke waren nun nicht mehr den königlichen Gästen vorbehalten. Das gutbetuchte einheimische Bürgertum und die zahlungskräftigen Reisenden trafen sich außerhalb des sächsischen Residenzschlosses. Nicht wenige Hofbedienstete hatten sich selbstständig gemacht und vornehme Restaurants eingerichtet. Die alteingesessenen Gastwirtsfamilien eiferten ihnen nach. Ihre Söhne hatten nach langen Wanderjahren internationale Erfahrungen gesammelt. Ein Hauch von Exklusivität eroberte auch das Gastgewerbe Dresdens.

Zu den vornehmsten einheimischen Gasthäusern gehörte ab den 1850er Jahren das „Victoria-Hôtel" am Eingang der im Aufbau befindlichen Prager Straße. Als im Oktober 1858 der Hotelbesitzer Eduard Dremel die Eröffnung eines neuen Restaurants ankündigte, ließ er sich etwas besonderes als Publikumsanreiz einfallen. Er zeigte dem erstaunten Publikum an der Eingangsfront eine lebendige Riesenschildkröte. Viele einheimische Bewohner sahen zum ersten Mal ein solches fremdländisches Tier. Der Andrang war dementsprechend groß und auch die örtliche Tagespresse berichtete über diese Sehenswürdigkeit. Verschwiegen wird aber, dass jenes Tier wenige Tage später im Kochtopf landete. Vielleicht war es auch besser so.

Zu Zeiten, als von Artenschutz noch nicht die Rede war.

Denn Schlachten von Schildkröten war ein barbarischer Akt und hätte so manchen den Appetit verdorben.

Es ist zu bezweifeln, dass es 25 Jahre später eine gute Idee vom Delikatessenhändler und Restaurateur A. Bobrowicz gewesen ist, nach der Zurschaustellung einer Riesenschildkröte auch zu deren

Schlachtung einzuladen. Wie so etwas vor sich ging, darüber berichtet ein zeitgenössisches Kochbuch.

> *„... Schildkröten werden, indem man ihnen gebrannte Kohlen auf den Rücken legt, die Köpfe und Füße abgehauen, dann zwei Stunden in laues Wasser gelegt, damit sie gut ausbluten und, daß das Unreine ihrer Schilder sich ablöst; darauf werden sie gut gewaschen und so lange gekocht, bis sich ihre grüne Haut zwischen ihren Schild losmachen läßt ..."*

Ob die zwei Tage später angebotene „echte Schildkrötensuppe" sowie jene „echten Schildkröten-Steaks" reißenden Absatz fanden, ist nicht überliefert.

Neu entstandene Restaurants in der Dresdner Innenstadt, welche ebenfalls die gehobene Gastronomie anstrebten, warben mit der „Moc turtle Soup". So bot im Jahre 1879 das Restaurant „Englischer Garten" (Waisenhausstraße 14) täglich ab sechs Uhr diese echte Schildkrötensuppe an. Im Oktober 1881 eröffnete das „Restaurant zum goldenen Schwan" (An der Frauenkirche 13). Der neue Besitzer Julius Zimmermann sprach in seinen Inseraten hauptsächlich den Adel und die wohlsituierte Dresdner Gesellschaft an. Ein Verkaufsschlager sollte – die ab fünf Uhr abends – angebotene Schildkrötensuppe sein.

Wenigen Dresdnern wird bekannt gewesen sein, dass auch in der Bärenschänke zeitweise Riesenschildkröten zu betrachten waren. Es war nur wenige Monate nach der Eröffnung, als das „Dresdner Journal" berichtete:

> *„... Zwei Riesenschildkröten, wie solche wohl selten noch im lebenden Zustande nach den Binnenstädten Europas gebracht sind, kamen gestern abend über Hamburg aus Brasilien hier an, um in der bekannten Bärenschänke, Webergasse 14 und 15, verspeist zu werden. Für die nächsten Tage sind diese Tiere, welche nahezu 5 Ztr. wiegen und nach dem Ausspruch Sachkundiger wohl gegen 300 Jahre alt sein dürften, im bezeichneten Lokale in einem Zinkbassin ausgestellt und unentgeltlich zu besichtigen ..."*

Auch der Hotelier Moritz Canzler vom „Hotel Kaiserhof" ließ sich zu einer Verkaufsaktion verleiten. Sein Haus befand sich neben der Einfahrt zur Augustusbrücke in der Dresdner Neustadt (gegenüber dem Blockhaus.) Er bewirtschaftete auch den vor seinem Hotel in Richtung Elbe liegenden „Wiener Garten". So ist aus dem August 1900 folgendes zu erfahren:

> *„... Hr. Canzler hat übrigens durch direkten Bezug eine reichliche Anzahl große lebende Schildkröten erhalten; es sind daher seltene Schildkröten-Spezialitäten in die Speisekarte des Etablissements aufgenommen worden."*

Die Hoffnung, zahlungskräftige Gäste mit den Gerichten aus Schildkrötenfleisch anzulocken, ist aber offensichtlich nicht aufgegangen. Wenige Tage später startete der Hotelier eine neue Werbekampagne. Nun bot er „Canzler's echte Schildkröten=Conserven von frisch geschlachteten See-Schildkröten" zum Verkauf an. Es gab Dosen zu 500 Gramm Inhalt „Schildkröten-Suppen-Einlage, Schildkröten-Ragout und Schildkröten-Steaks". Eine Haltbarkeit auf zwei Jahre wurde garantiert. Empfohlen wurden die Konserven für private Diners der gehobenen Gesellschaft in der kommenden Wintersaison.

23. Die Legende vom „Eiswurm" und die Bedeutung der Eisversorgung für die Dresdner Gastwirte

Die Felsenkellerbrauerei hatte über viele Jahrzehnte hinweg ein unverkennbares Markensymbol. Der „Eiswurm", ein feuerspeiender Drachen, schmückte das Flaschenetikett. Die Entstehung dieses Zeichens ist einem Dresdner Bankier namens Kaiser zu verdanken. In einer fröhlichen Stammtischrunde äußerte er sich im Jahre 1862 sehr bedenklich über das neue Brauereiunternehmen. Mit einem gewissen Augenzwinkern berichtete er über seine neuesten Informationen. Tief in den Kellergewölben der Dresdner Felsenkellerbrauerei sollte ein schreckliches Ungeheuer hausen. Der „schreckliche Wurm" lecke einfach das zur Kühlung der Bierfässer bestimmte Eis weg. Reichlich

Verderb sei zu verzeichnen. Solange das Problem nicht gelöst sei, bedeutete dies auch enorme Verluste für die Aktionäre.

Mit großen Erschrecken vernahm ein Dresdner Handwerksmeister diese niederschmetternden Nachrichten. Er hatte einen wesentlichen Teil seines Vermögens in das neue Brauereiunternehmen investiert. Sofort fuhr er mit einer Droschke in das nahegelegene Plauen. Seine Angst um das verloren geglaubte Geld war nicht zu bändigen. Vielleicht war noch etwas zu retten? Dieses wäre aber nur durch einen schnellen Aktienverkauf möglich. Die Direktion der Felsenkellerbrauerei war überrascht über das Anliegen des Handwerksmeisters. Sehr schnell klärte es sich auf, dass er das Opfer eines Stammtischscherzes geworden war. Der ängstliche Handwerksmeister wurde beruhigt. Zu verhindern war es aber nicht, dass seine Überreaktion Dresdner Stadtgespräch wurde. Hohn und Spott wurde über ihm ausgeschüttet. Auf der alljährlich im Sommer stattfindenden Vogelwiese trank man sich beim Genuss des kühlen Bieres mit „Prosit Eiswurm!" zu. Und es wurde auch immer wieder eine „Eiswurmpolka" zu Gehör gebracht. Das war Dresden im Jahre 1862.

Doch diese nette kleine Anekdote zeigt auch, wie wichtig das Eis für die Lagerung des Biers war. Schließlich schätzten schon unsere Vorfahren ein gut gekühltes Bier. So wurde der „edle Stoff" in den Kellern der Gastwirtschaften gelagert. Oft war es aber auch hier zu warm, um ein vorzügliches Bier zu kredenzen. So war es für die Gastwirte besonders wichtig, sich ausreichend mit Eisblöcken zu versorgen. Der Eismann gehörte über viele Jahrzehnte zu den bekanntesten Handelsleuten auf den Straßen der Stadt. Insbesondere in den Sommermonaten war es ein lukratives Geschäft. Die starke Nachfrage zog hohe Preise nach sich. In den Wintermonaten senkten sie sich wieder. Nun gab es ein Überangebot, da zahlreiche Landwirte ebenfalls Eisblöcke anboten.

Im Juli 1874 wurde der Verein Dresdner Gastwirte gegründet. Einer der ersten Schritte war die Gründung eines eigenen Eishauses. Man wollte unabhängig von den schwankenden Eispreisen werden. Nur wenige Gastronomen verfügten über ausreichenden Platz, sich mit diesem damals wichtigen Rohstoff ausreichend einzudecken. Durch Sammeleinkäufe konnten die Preise gedrückt werden. Vereinsmitglieder bekamen Vorzugspreise. Nur ein Jahr später war es dann soweit. In der Friedrichstadt eröffnete der Eiskeller.

24. Die erste „Dresdner Kochkunst-Ausstellung" – 1876

Anfang des Jahres 1876 wurde das Dresdner Publikum zu einer ganz besonderen Ausstellung eingeladen. Das Organisationskomitee setzte sich aus den Vertretern des Vereins Dresdner Gastwirte und des Vereins Dresdner Köche zusammen. Die Gastwirte schlossen sich am 15. Juli 1874 zu einem Verein zusammen. Zwei Jahre zuvor hatte sich der Verein Dresdner Köche gegründet. Erstmals stellten die Vertreter des Gastgewerbes ihr Können und ihre Leistungsfähigkeit einem großen Publikum vor. Jene Messe gehörte zu einer der ersten seiner Art im deutschen Kaiserreich.

Die führenden Hotels und Gasthäuser sowie die vornehmen Restaurants der Stadt stellten sich einen gemeinsamen Wettbewerb. Eine unabhängige Jury bewertete die Leistungen des jeweiligen Unternehmens. Erfolgreich zu sein, erhöhte natürlich das Ansehen jeder der beteiligten gastronomischen Einrichtung.

Am 19. und 20. Januar 1876 fand diese Veranstaltung in „Meinhold's Sälen" auf der Moritzstraße statt. Schon seit Tagen werkelten die eifrigen Köche an ihren Schaustücken und die fleißigen Kellner an der passenden Tischdekoration. Dass der kalte Wintermonat als Termin gewählt wurde, lag natürlich an der Verderblichkeit der Rohstoffe. Die Schaustücke waren in der Hauptsache reich dekorierte kalte Platten. Um sich von anderen zu unterscheiden, kamen hier noch reichliche Bildhauer- und Konditoreikünste hinzu.

Der große französische Koch Marie-Antoine Carême (1783–1833) sagte zum Konditoreihandwerk:

Der schönen Künste gibt es fünf an der Zahl, nämlich:
- die Malerei,
- die Skulptur,
- die Poesie,
- die Musik
- und die Architektur.

So wetteiferten die besten Köche Dresdens um die begehrten Preise. 50 Köche hatten sich angemeldet. Unter ihnen befand sich auch der Küchenmeister Georg Otto Ferrario. Damals bewirtschaftete er die „Große Wirthschaft" im Kgl. Großen Garten. Für seinen Aspikschwamm in Gestalt eines Dampfschiffes (König Albert genannt), auf Wogen von Gelee, in denen allerlei Fische und Krebse enthalten waren, erhält er die silberne Dresdner Medaille. Viele Jahre später wird er eine Kochschule für Damen betreiben. Auch ist er als Verfasser einiger Kochbücher bekannt geworden.

Über fehlende Besucher brauchte sich das Ausstellungskomitee nicht zu beklagen. Das Interesse an dieser neuen Art der Präsentation war sehr groß. Vielleicht hoffte auch so mancher Gast auf eine kleine Kostprobe von den lukullischen Meisterwerken. Dieses war aber nicht vorgesehen und so mancher verließ die Kochkunstausstellung mit leerem Magen. Und selbst einige hungrig gebliebene Redakteure der örtlichen Tagespresse machten sich so ihre Gedanken beim Besuch dieser Veranstaltung. Ärgerlich verglichen sie die Kochkunst mit der Politik.

So erschien in der „Dresdner Illustrirte Montags-Zeitung" folgendes Gedicht:
Die Kochkunst und die Politik
Verfolgen gleiches Streben,
Die Politik erhält den Staat,
Die Kocherei das Leben.

Bei Beiden trifft das Sprichwort zu
Was nützt diese Heuchelei,
Viel Köche die verderben hier
Wie dort den Brei.

Und haben eine Speise sie
Mit Mühe gut geschaffen
Dann geht's uns wie in Meinholds Saal
Man darf nur begaffen.

Doch wehe, wenn das arme Volk
Wollt' nur einiges kosten,
der Herr Minister wie der Koch
sind da auf ihre Posten.

"Angreifen nicht! Ansehen nur!"
Schafft's wie aus dem Munde,
So geht die beide Nahrung dann,
Aus Eitelkeit zu Grunde. –

Der Ehrgeiz der Aussteller war sehr groß. So scheuten sie auch keine Mühe, ein ganz besonderes Schaustück zu schaffen. Dem Einfallsreichtum waren keine Grenzen gesetzt und ausgefallene Ideen an der Tagesordnung. Manches hatte dann schon wahrlich nichts mehr mit der eigentlichen Kochkunst zu tun. So geschehen bei einer Kochkunstausstellung in den 1880er Jahren in Leipzig.

Rudolf Sendig, ein damals sehr bekannter Hotelier und des öfteren Mitglied der jeweiligen Preisjury, erzählt in seinen Erinnerungen folgende Anekdote:

„... Der Gastwirtsverein einer größeren Provinzialstadt in der Nähe von Leipzig hatte ein ganz unglaubliches Ausstellungsobjekt geliefert; es bestand in einem riesigen Hecht, der mindestens ein und einhalb Meter lang war.

Um diesen Hecht, und zwar schon im gekochten Zustande, mit der Bahn transportieren zu können, hatten die Herren eine lange Holzkiste herstellen lassen, die einem Sarg gleich. Der betreffende Bahnvorstand wollte nicht glauben, daß in dieser Kiste ein toter Hecht liege, und die Herren waren genötigt, die Kiste zu öffnen, dann erst konnte der Transport nach Leipzig vor sich gehen.

Die Dresdner Stollenbäckerei

von Robert Beyer,
Dresden, 9 Wilsdrufferstraße 9,

empfiehlt

ihre vorzüglichen **Christstollen** von feinster Qualität und div. Größe in **Mandel-, Rosinen-, Sultaninrosinen-** und **Mohnstollen**, sowie feine **Hanauer Haselnusskuchen**.

Garantie für Verwendung guter, frischer Butter. Auswärtige Bestellungen werden rechtzeitig effectuirt. Zusendungen am Platze durch mein Personal franco Haus.

Dieser Riesenhecht wurde auf ein Plattbrett gelegt, und da ein geeigneter Koch für die Dekoration des Hechts nicht zur Stelle war, mußte ein Konditor aushelfen, der das riesige Tier anstatt mit Fett mit Zucker bespritzte, ein an sich schon unverantwortlicher Barbarismus.

Die Herren vom Gastwirtsverein verlangten im Ausstellungssaale einen ganz besonders bevorzugten Platz, da sie von dem hohen Werte des Ausstellungshechtes innigst überzeugt waren. Ein solcher wurde ihnen schließlich angewiesen, und die Jury bewertete dieses außergewöhnliche Ausstellungsobjekt mit dem dritten Preis. Denn schließlich ist ein großer Hecht vielleicht für eine Fischerausstellung beachtenswert und interessant, aber eine kochkünstlerische Leistung war mit besten Willen weder hinein noch heraus zu konstruieren."

„... Kurz nachdem ich meine oben erwähnte böse Rede gehalten hatte, saß ich etwas verstimmt mit einigen Freunden an der Festtafel, als ein kleiner untersetzter Herr, der den Eindruck machte, als habe er die ausgestellten Liköre sämtlich durchprobieren müssen, an mich herantrat und mich ziemlich kurz fragte, ob ich der Vorsitzende der Preisjury wäre. Ich bejahte höflich die Frage.

Darauf erklärte mir der kleine Herr, daß er der Vorstand des Gastwirtsvereins so und so sei, und daß er und seine Freunde keineswegs gewillt sein, sich für den großen Hecht, den sie ausgestellt hätten, mit dem dritten Preise zufriedenzugeben.

Ich erklärte dem Herrn, daß ich nicht in der Lage sei, die Zensur zu ändern, da sie von sämtlichen acht Herren des Preisgerichtes wohl überlegt sei.

‚Ja, was bilden Sie sich denn ein?' brüllte mich der kleine Herr an, ‚der Hecht kostet uns mit allem was drum und dran hängt über dreihundert Mark, und wenn wir für dieses große Opfer nur den dritten Preis bekommen würden wir von unseren Vereinskollegen die schrecklichsten Grobheiten erwarten zu haben.'

Ich hatte die Sache satt und erklärte den Herrn ganz energisch, daß an dem Preise nichts mehr zu ändern sei ..."

In seinen Anfang der 1920er Jahre erschienenen Lebenserinnerungen verschweigt Sendig nicht, dass er von dieser Art der Ausstellungen nichts hielt. Wahre Kochkunst sei nur durch Kostproben zu vermitteln. Insbesondere auch aus der warmen Küche. Die technischen Voraussetzungen waren damals noch nicht gegeben. Erst um 1930 wurde auf den Gastgewerbeausstellungen für die Besucher auch gekocht.

25. Beobachtungen in einer Weinstube im Jahre 1876

Dresden im Jahre 1876. Seit einiger Zeit erscheint die satirische Wochenzeitschrift „Dresdner Illustrirte Montags-Zeitung". Der verantwortliche Redakteur E. Steinbach hatte sein Büro im Haus Kreuzstraße 2 eingerichtet. Hier hielt er sich aber nur sehr selten auf. Er liebte es, auf Spurensuche nach neuen Artikeln zu gehen. Gern beobachtete er auch die Kommunikation zwischen Gastwirt und Gast in den zahlreichen Weinstuben. Und so sind einige Anekdoten der Nachwelt erhalten. Wie zum Beispiel diese Wirtshausszene:

Gast   Geben Sie mir eine Flasche Rüdersheimer.

Kellner *Sehr wohl. (Nach kurzer Zeit erscheint er mit einer Flasche und schenkt ein.)*

Gast (sieht durch das Glas) *Der Wein ist trübe!*

Kellner *Bitte um Entschuldigung, werde gleich eine andere Flasche bringen. (Er bringt sie, schenkt ein, der Wein ist wieder trübe.)*

Gast *Das ist ja wieder solches Zeug. Rufen sie mir den Wirth. (Er kommt.) Sagen sie, Herr Wirth, wie sieht denn der Rüdersheimer aus, so milchig?*

Wirth *Aber entschuldigen Sie, da hat sich der Kellermeister vergriffen und hat auf der Flasche Liebfrauenmilch=Etiketten vor Rüdersheimer geklebt. Leider kann ich Ihnen augenblicklich nicht mit empfehlenswerthen Weißwein dienen, aber während der Wassercalaminität werde ich ihnen Rothwein empfehlen, ein Marko-Bordeaux führ ich wie Tinte, und so ölig ordentlich schlammig.*

Gast *Ich danke. In Ihrem Weißwein hätte ich wenigstens kleine Kröten, Fische oder Frösche sehen können, aber aus dem schlammigen Rothwein könnte ich am Ende eine ganze Wolf=Familie verschlingen, ich werde auf den Genuß bis nach dem großen Wasser verzichten. Adieu.*

Wirth *(kratzt sich hinter den Ohren) Ich will aber auch gleich einen Kohlenhalter kaufen, es ist zu fatal ..."*

26. Zitate aus einem Arbeitsvertrag eines Kellners im Jahre 1885

Das im Jahre 1873 gegründete Weinrestaurant „Englischer Garten" gehörte zu den vornehmsten Treffpunkten Dresdens. Hier wurden die vorzüglichsten Menüs angeboten und die auserlesene Weinkarte rundete den guten Eindruck ab. Nur bestens ausgebildetes Personal wurde hier eingestellt. Internationale Berufserfahrungen waren ein

Muss! Schließlich verkehrte hier Dresdens zahlungskräftigstes Publikum. Hierzu gehörten etwa neben den Vertretern des Adels, reichen Kaufleuten und Bankiers auch Mitglieder des Königshauses.

Wohl dem gelernten Kellner, der in einem so vornehmen Haus einen Arbeitsvertrag erhielt. Es war eine Auszeichnung und Anerkennung seiner Tätigkeit. Nur wenigen war es bislang gelungen, auch einmal höchstangesehene Persönlichkeiten bewirten zu dürfen. So ging es auch dem Kellner Paul D. im Jahre 1885. Der Besitzer des Restaurants „Englischer Garten" Gustav Schumann schloss mit ihm ein „Engagements-Vertrag" ab. So hieß es damals.

Das monatliche Gehalt betrug 18 Mark. Für den Angestellten zählte eine Kündigungsfrist von 14 Tagen. Hält er diese Frist nicht ein, so hatte er eine „Conventionalstrafe" von 25 Mark an den Arbeitgeber zu zahlen. Ein Geldbetrag, wofür er fast 40 Tage gearbeitet hatte. Der Besitzer des Weinrestaurants „Englischer Garten" konnte schon beim geringsten Verstoß sofort das Arbeitsverhältnis auflösen. Zusätzlich enthält der Vertrag noch einige „specielle Bedingungen". So zum Beispiel:

„Ich verpflichte mich, jede halbe oder ganze Flasche Wein oder Champagner, welche durch einem Anderen für meine Rechnung vom Buffet entnommen wird, sogleich in das dafür bestimmte Controlbuch unter meinen Namen einzutragen, auch Bierreste und Weinreste nicht auf das Buffet zu stellen, sondern in das dafür bestimmte Gefäss, sogenannte Schänke, zu giessen und unterwerfe mich für jeden Contraventionsfall einer Conventionalstrafe von 1. Mk.

Ich verpflichte mich, täglich pünktlich 8 ½ Uhr in dem Restaurant zur Uebernahme meiner Arbeiten zu erscheinen. Das Local nicht ohne vorherige ausdrückliche Erlaubnis des Herrn Schumann oder des Herren Geschäftsführers zu verlassen, auch endlich während der gesamten Geschäftszeit bis zum Schluß des Lokals Herrn Schumann wie seinem Gästen gegenüber mich streng ehrlich, höflich und nüchtern zu betragen.

Für Gläser und Geschirre, welche ich oder von mir bedienten Gäste zerbrechen, hafte ich persönlich, soweit Herr Schumann im einzelnen Falle Ausnahme bewilligt, unter Vorbehalt meines Anspruches auf Erstattung des von mir bezahlten Preises gegen denjenigen Gast, welcher den betreffenden Schaden verursacht hat.

Meine sofortige Entlassung habe ich verwirkt, wenn ich ohne specielle Erlaubnis des Herrn G. Schuhmann, Karten oder Würfel zum Spiel an Gäste aushändige."

Die geringe Entlohnung lässt sich mit den zu erwartenden Trinkgeldern begründen. Oft gab es auch noch Kost und Logis im eigenen Haus. Dafür mussten sämtliche Angestellte die langen Arbeitszeiten in Kauf nehmen. Und die Befürchtung, dass an jedem Tag das Arbeitsverhältnis beendet werden könnte.

27. Verbotene Glücksspiele im Weinrestaurant „Englischer Garten"

Dresden im März 1886. Vor dem Königlichen Schöffengericht hatte sich der Restaurateur Herr Gustav Albert Hermann Schumann zu verantworten. Dem Inhaber des „Englischen Gartens" hatte sich wegen „Duldung verbotenes Glücksspieles" zu verantworten. Was macht diese kleine Meldung der „Dresdner Nachrichten" so interessant? Nun, es handelt sich hierbei nicht um irgendeinen kleinen Gastwirt. Seit seiner Gründung im Jahre 1873 gehörte das Restaurant zu den vornehmsten in der sächsischen Residenzhauptstadt. Schon wenige Wochen nach der Eröffnung verkehrte hier das zahlungskräftigste Publikum Dresdens. Dazu gehörten viele Vertreter des Adels, hohe Beamte, Offiziere, Diplomaten, reiche Kaufleute. Sie schätzten die vornehme Ausstattung der Räumlichkeiten, standesgemäße Bedienung sowie die Exklusivität der Speisen- und Weinkarte. Bei so manchen vornehmen abendlichen Souper wurden neue geschäftliche Kontakte geknüpft. Und manchmal frönten sie zur späten Abendstunde ihrer Spielleidenschaft.

Im Jahre 1875 übernahm der gestandene Restaurateur Schumann die Bewirtschaftung des „Englischen Gartens". Sehr schnell bemerkte er, dass es immer einem Hochseillauf glich, sämtlichen Wünschen seiner vornehmen Kundschaft nachzukommen. Einerseits gab es schon strenge Gesetze, welche Glücksspiele in öffentlichen Einrichtungen verboten. Zum anderen wollte er seine zahlungskräftige Kundschaft nicht verprellen. Bereits 1877 hatte er sich vor der Justiz zu verantworten. Ihm wurde die Duldung von Glücksspielen in seinem Weinrestaurant nachgewiesen. Es blieb bei einer strengen Verwarnung. Seine Mutter Caroline Henriette Emilie verw. Schumann wurde kurzzeitig Eigentümerin des „Englischen Gartens." Er agierte als Geschäftsführer. Nach ihrem Tod im Jahre 1884 bat er dann den Stadtrat zur Rückübertragung der Konzessionsrechte.

Doch schon wenige Monate später stand er wieder vor dem gleichen Problem. So bestätigte der Zeuge Dr. Koppel-Ellfeld, dass am Neujahrstag 1885 „eine Anzahl Kavaliere nach beendigter Neujahrscour" sich bei Schumann eingefunden hätten. Er, Koppel-Ellfeld, habe am Stammtisch gesessen und habe beobachtet, dass eine Reihe von Offizieren in einem Hinterzimmer Platz genommen hatte. Keine zehn Minuten waren vergangen, als der Restaurateur Schumann bemerkt habe, dass hier mit Karten um Geld gespielt wurde. Von den Mahnungen des Gastwirtes zeigten sich die Offiziere unbeeindruckt. Verzweifelt wandte sich Schumann daraufhin an seine Stammgäste. Die Idee wurde geboren, eine schriftliche Aufforderung zur Unterlassung der Glücksspiele zu verfassen. Jenes Schreiben wurde dann den Offizieren im Hinterzimmer überbracht. Nur wenige Minuten später verließen diese das Weinrestaurant.

Doch so glimpflich ging es nicht immer ab. Im Großen und Ganzen wollte er Spiele nicht dulden. „Ich habe so viel Widerwärtigkeiten durchzumachen gehabt und manchen Kampf zu bestehen und manchen Gast verloren, gewiß zur größten Rechnung für einen Wirth" sagt er vor dem Richter aus. Nur bei guten Freunden drückte er ein Auge zu. Jene trafen sich dann im Hinterzimmer, die er Privaträume bezeichnete.

Dass um Geld gespielt wurde, war nicht zu leugnen. Die damaligen Glücksspiele hießen „Meine Tante, deine Tante", „Lustige Sieben" und „Tippen". Anfangs ging es meist um eine Flasche Wein und später um höhere Geldbeträge. Die Taktik des Verteidigers Rechtsanwalt Dr. Thürmer, Nebenräume des Weinrestaurants „Englischer Garten" als Privaträume zu deklarieren, ging nicht auf. Restaurateur Schumann wurde zu der empfindlichen Geldstrafe von 150 Mark verurteilt.

Ein böses Nachspiel war durch das Dresdner Gewerbeamt zu erwarten. Es drohte der Entzug des Konzessionsscheines. Viele treue Stammgäste und auch der Verein der Dresdner Gastwirte solidarisierten sich mit dem Inhaber des „Englischen Gartens". Sie würdigten die über zwölfjährige erfolgreiche Tätigkeit von Gustav Schumann. Nicht zuletzt ihm sei es zu verdanken, dass der „Englische Garten" zu den vornehmsten Restaurants Dresdens gehöre. Dieses Engagement überzeugte schließlich auch den Dresdner Stadtrat. Schumann leitete noch einige Jahre die gastronomischen Geschicke des Hauses. Ende 1892 gibt er dann seinen Konzessionsschein ab und ging in den Ruhestand.

Glücksspiele im Hinterzimmer des „Englischen Gartens" hatten ein böses Nachspiel.

28. Das gastronomische Fazit der Wettiner Jubelfeier im Jahre 1889

Das sächsische Königshaus hatte etwas zu feiern. Vor 800 Jahren erfolgte die Besitzergreifung der Mark Meißen. Dieses Jubiläum des Hauses Wettin sollte festlich begangen werden. Ein Festausschuss wurde gegründet. Ihm oblagen die Vorbereitung und die Durchführung der zahlreichen Veranstaltungen. Die Bürger in Stadt und Land wurden aufgerufen, sich an der Gestaltung des Festes zu beteiligen. Der Höhepunkt waren dann die Festtage vom 16. bis zum 19. Juni 1889.

Die sächsische Residenzhauptstadt war in jenen Tagen feierlich geschmückt. Obelisken mit der Königskrone waren an den verschiedensten Plätzen aufgestellt worden. Zahlreiche Ehrenpforten wurden auf den Straßen errichtet, den der feierliche Festzug nehmen sollte. Gewerbevereine und andere Verbände wetteiferten darum, einen besonders schönen Wagen zu gestalten. Es sollte ein Festumzug werden, den Dresden noch nicht erlebt hatte. Zeitzeugen berichteten, dass jener an Glanz, Farbenpracht und Anschaulichkeit kaum zu überbieten war.

Zahlreiche Zuschauertribünen wurden an der Strecke des Festumzugs errichtet. Befürchtungen, es „werde nur ein Teil des Publicums Zeuge des grossartigen Festumzuges sein können", bewahrheiteten sich nicht. Es gab noch genügend freien Platz am Straßenrand, um das Geschehen zu beobachten und zu bejubeln. Auch Spekulationen, es gebe nicht genügend Tribünenplätze, lösten sich in Luft auf. „Je näher das Fest herankam, umso größer wurde die Zahl der Angebote, um so mäßiger die Bedingungen" berichtete das „Dresdner Journal".

Das sächsische Königspaar Albert und Carola nahm die Ehrungen und Huldigungen in einem für diesen Anlass entworfenen Pavillon am Neumarkt entgegen. Wenige hundert Meter weiter grüßten die selbstbewussten Stadtoberen Dresdens die Teilnehmer. Auch sie hatten sich einen festlich geschmückten Pavillon errichten lassen.

Der Festumzug zur Wettinfeier am 19. Juni 1889 auf dem Neumarkt.

Die einheimischen Hoteliers und Gastwirte hofften auf ein großes Geschäft. Ein Besucherrekord war in Dresden zu erwarten. Leider mussten sie aber ähnliche Erfahrungen wie beim Ersten deutschen Sängerbundesfest im Jahre 1865 machen. Die erwarteten Einnahmen blieben aus. Viele Fremde mieteten sich in den preiswerteren Pensionen ein. Viele geschäftstüchtige Dresdner stellten Privatquartiere zur Verfügung. So gab es nicht wenige Hotels, deren Zimmer nur zur Hälfte ausgebucht waren.

Ähnlich ging es auch zahlreichen Gastwirten. Sie hatten sich mit Vorräten eingedeckt, die für die doppelte – wenn nicht sogar dreifache – Zahl von Gästen genügt hätten.

„Forderungen mit 60 und mehr Prozent Aufschlag in einfachen Gaststätten und Restaurants der Stadt sind entschieden nicht zu rechtfertigen,"
heißt es im Fazit. Den Ruf Dresdens als preiswerte Fremdenstadt habe jenes Gebaren sehr stark geschadet.

Das sah auch die örtliche Tagespresse so. So schreibt das „Dresdner Journal" Ende Juni 1889:

„... Daß auf einzelnen Tribünen für wenige Schlucke Lagerbier 25 Pf., für eine dürftig belegte Semmel 40 Pf. beansprucht wurden, was schon nicht erfreulich, wenn aber z. B. für eine Suppe, die sonst 15. Pf., auf der Speisenkarte steht, 30 Pf. verlangt werden, und ähnliches mehr, so giebt es hierfür keine Entschuldigung, und Neunzehntel des Publicums haben auch solche Genüsse verzichtet, natürlich zu Schaden der Wirthe. Hierher gehört auch die Thatsache, dass in mehreren Restaurants von den Wirthen die Abonnementskarten der täglichen Mittagsgäste für die Festtage für ungiltig erklärt wurden ..."

Der 19. Juni 1889 wurde mit einem großen Feuerwerk beendet. Auf der Elbe waren zahlreiche Schiffe vor Anker gegangen. Auf diesen waren zahlreiche Sänger verteilt worden. Die Ironie des Schicksals wollte es, dass man sie nach Abschluss der Festlichkeit vergaß. Das Festgelände war nach der Mitternachtsstunde schon längst leer. Auf den in der Mitte der Elbe gelegenen Schiffen warteten die Sänger darauf, endlich ans Land gezogen zu werden. Schließlich konnten sie dann doch in den frühen Morgenstunden wieder Land unter den Füßen spüren. Nach dem sechsstündigen Stehen waren sie todmüde und von Hunger gequält. So hielten sie ebenso wie viele Wirte dieses Fest nicht in bester Erinnerung.

29. Der Boykott der Waldschlösschen-Brauerei im Jahre 1894

Es war die geschäftliche Erfolgsgeschichte des 19. Jahrhunderts. Das Bier aus der Waldschlösschen-Brauerei erfreute sich größter Beliebtheit. Zahlreiche Gastwirte und Biergroßhändler Dresdens gehörten zu den eifrigsten Abnehmern. Die Aktiengesellschaft schüttete seit ihrer Gründung hohe Renditen aus. Der Brauereiausschank am Postplatz – das „Stadtwaldschlösschen" – gehörte zu den beliebtesten Lokalen in der Dresdner Altstadt. Anders war es auch nicht auf der „Waldschlösschen-Terrasse". Das große Etablissement mit den weitläufigen Terrassen- und Parkanlagen befand sich unmittelbar neben den Brauereigebäuden. Insbesondere in den Sommermonaten gehörte es zu den beliebtesten Ausflugszielen der einheimischen Bevölkerung und vieler auswärtiger Besucher in der Residenz. Letztendlich wurden sie mit einem herrlichen Panoramablick auf Dresden belohnt.

Seit fast 25 Jahren leitete Heinrich John die gastronomischen Geschicke der großen Restauration. Zahlreiche Großveranstaltungen wurden zu kaiserlichen und königlichen Geburtstagen hier gefeiert. Militärischen Erfolgen aus dem deutsch-französischen Krieg von 1870/71 wurde festlich gedacht. Legendär waren die „Monstre-Konzerte". Unter dieser Ankündigung sind Veranstaltungen zu verstehen, indem mehrere Kapellen zum Konzert engagiert wurden. Oft wurden sie noch durch zusätzliche Musiker oder Chöre erweitert. Weitere Überraschungen erwarteten die zahlreichen Gäste. Ende März 1894 lief Johns Pachtvertrag aus. Der „Hoflieferant" suchte eine neue gastronomische Herausforderung. Er übernahm als erster Pächter die Bewirtschaftung der Restaurationslokalitäten im neu erbauten Dresdner Hauptbahnhof.

Die Direktion der Waldschlösschen-Brauerei war auf der Suche nach einem neuen Pächter. Sie fand ihn in Johannes Ebert. Jener war in den letzten Jahren Küchenmeister „Ihre Hoheit der Herzogin von Schleswig-Holstein". Als er am 1. April 1894 das Restaurant übernahm, hoffte er natürlich auf erfolgreiche gastronomische Geschäfte. Doch schon wenige Wochen nach der Geschäftsübernahme platzten seine Pläne. Politische Auseinandersetzungen zwischen den örtlichen Führern der Sozialdemokratie und der „Waldschlösschen-Brauerei-Direktion" machten eine gastronomische Bewirtschaftung unmöglich. Was war geschehen?

Am 18. April 1894 veröffentlichte die „Sächsische Arbeiter-Zeitung" einen Aufruf zum Boykott der Brauerei. Es „soll kein Arbeiter mehr Waldschlösschen=Bier trinken, kein Restaurateur, kein Produktengeschäft solches führen". Streng gemieden sollten die Händler werden, die weiterhin Produkte dieser Brauerei anboten. Auch keine anderen Lebensmittel seien zu kaufen oder angebotene Speisen zu verzehren. Als Begründung für diese drastischen Maßnahmen wurde die Weigerung der Brauerei-Leitung genannt, den „Waldschlösschenpark" für die Maifeier zur Verfügung zu stellen. Die Sozialdemokraten sahen darin eine Einschränkung des Versammlungsrechts.

In einer Stellungnahme erklärte sich Ende 1894 die Unternehmensführung. Sie hätte sich nicht geweigert, wenn der Besuch der zu erwartenden Arbeiter auf maximal 4.000 Gäste beschränkt worden wäre. Die vom sozialdemokratischen Vorstand angegebene Teilnehmerzahl von über 10.000 würde die Kapazität des Waldschlösschenparks bei weitem überschreiten. Ruhe und Ordnung wäre nicht mehr zu gewährleisten gewesen.

Nach einem Boykottaufruf der SPD blieb der Gästegarten leer.

Weiterhin wurde befürchtet, dass jene als „Frühlingsfest" angemeldete Maifeier sehr schnell in eine Demonstration umschlagen könnte. Dies könnte die Waldschlösschen-Brauerei in Schwierigkeiten mit den zuständigen Behörden und den naheliegenden Kasernen bringen.

Der Boykottaufruf zeigte inzwischen erste Wirkungen. „Gutgesinnte Abnehmer aus allen Berufsklassen, falls sie von ihrem bisherigen Lieferanten unsere Biere nicht erhalten können", sollten sich direkt an die Brauerei oder an das Stadtwaldschlösschen wenden, teilte die Unternehmensleitung mit. Aufgrund des starken Umsatzrückganges mussten die ersten Arbeiter der Brauerei entlassen werden. Der Machtkampf zwischen der Brauerei-Spitze und dem Vorstand der SPD spitzte sich zu.

Bierboykotte waren nichts Unbekanntes. Bereits in den Vorjahren hatten Großbrauereien in Berlin, in Leipzig oder Braunschweig dagegen anzukämpfen. Diese scheiterten meist an der gegenseitigen Hilfe der Unternehmer. In Dresden war ein „derartiges geschlossenes Zusammengehen der Brauereien nicht zu erreichen". Hier konnte nur noch die zahlreiche Käuferschar helfen. Aber wie? Sie sollten darauf bestehen, das verlangte Bier zu erhalten. Wenn sich der Händler weigere, sollten sie die nächste Verkaufsstelle aufsuchen.

Man wollte aber auch nicht noch mehr Öl ins Feuer gießen. Man griff zu einem Trick. Das beliebte Ausflugslokal „Waldschlösschen-Restauration" am Brauereigelände wurde geschlossen. Das ganze Areal sollte modernisiert und den Anforderungen der „Neuzeit" angepasst werden. Diese Bauarbeiten wurden erst vier Jahre später abgeschlossen. Im Sommer 1898 wurde der Restaurantkomplex neu eröffnet. Über die harten Auseinandersetzungen wurde kaum noch gesprochen. Mittlerweile war Gras über die Geschichte des „Waldschlösschen-Boykotts" gewachsen. Nur ein Jahrzehnt später wird in der sozialdemokratischen Tagespresse an den Kampf um die Dresdner Ballsäle erinnert. Hier sei man nicht erfolgreich gewesen, aber nur weil die Waldschlösschen-Brauerei renovierte!

30. Kellnerversammlung im Etablissement „Meinhold's Säle" – 1894 „Lohnt es, ein Kellner zu sein?"

Es war ein kalter Januarabend im Jahre 1894. Zu mitternächtlicher Stunde waren noch viele Personen in der zu dieser Zeit sonst ruhigen Moritzstraße unterwegs. Ihr Ziel war das Restaurationsetablissement „Meinhold's Säle". Pastor Zimmermann hatte eine Kellnerversammlung einberufen. Nach einem anstrengenden Arbeitstag konnte sie erst um Mitternacht beginnen. Nur um diese Zeit war es möglich, die zahlreichen Vertreter des Berufsstandes zu versammeln. Und der Vertreter der Kirche wollte heute über eine brisante Frage referieren. „Lohnt es, ein Kellner zu sein?"

Zunächst hob er seine missionarische Tätigkeit im Dresdner Gastgewerbe hervor. In weit über 70 Hotels und Restaurants der Stadt würden regelmäßig Predigten und Sonntagsblätter geschickt. Sicherlich werde es von weiten Bevölkerungskreisen als Makel angesehen, dass die Mitarbeiter des Gastwirtstandes nicht regelmäßig zu Gottesdiensten erschienen. Die Hospizbewegung und auch die Schaffung kirchlicher Herbergen sollten Abhilfe schaffen. Seelisch gestärkt sei die Geringschätzung dieser Arbeit viel besser zu ertragen. Es sei ein ehrbarer Beruf, wenn man sich an die Gebote Gottes halte und er gehöre zum modernen Großstadtleben.

Ein wenig später schlug er aber kritische Töne an. *„Anstelle der ordentlichen Lehrausbildung ist vielfache Lehrlingszüchterei getreten"*. Bereits frühzeitig zeigten sich die Gefahren eines „körperlichen Siechtums" und der Widerstandslosigkeit gegen sittliche Gefahren. Weiterhin führte er aus:

> *„Bei der Unruhe zumeist 14= bis 16=stündigen Arbeitstagen sei es unwürdig, dass die Verpflegung des Kellners zu wünschen übrig lasse, bei Übermüdung ungünstige und ungesunde Schlafräume vorhanden seien, von einem Sonntage und Gottesdienst nie die Rede wäre und er den erziehenden Mächten: Familie, Staat, Kirche, so gut wie entfremdet bleibe."*

Nicht nur für Versammlungen, sondern auch für Tanzvergnügen war der Wintergarten beliebt.

Dann kam der Pfarrer auf die leidliche Trinkgeldfrage. Seit langem gebe es eine starke Reformbewegung, die das Trinkgeld abschaffen wolle.

> *„Das Trinkgeld, nur bei diesen Stande noch zu finden, steht zwischen Arbeitslohn und Almosen in der Mitte und hinterlässt bei den Gebern drückende, bei den Empfängern ein peinliches Gefühl."*

Eine neue tarifliche Entlohnungsform müsse gefunden werden. Diese Initiative könne aber nur von den vornehmen Hotels ausgehen. Er sei der festen Überzeugung, dass diese Neuerung dann auch Einzug in andere Gasthöfe und Restaurants finden würde. Der Vortrag endete im Fazit, dass es sich wieder lohnen könne, Kellner zu sein. Er appellierte an die Hoteliers und Gastwirte, bessere Arbeitsbedingungen zu schaffen. Dazu zählten unbedingt geordnete Ruhezeiten, ein regelmäßiger freier Sonntag sowie ein angemessener fixierter Lohn.

Viele gastronomische Unternehmer sahen die Forderungen als undurchführbar an. Sie hielten lieber am Althergebrachten fest. Lediglich staatliche Verordnungen akzeptierten sie zähneknirschend. So wird es noch weitere 25 Jahre dauern, bis auch der Kellnerstand über einen einheitlichen Tarifvertrag verfügte. Den erkämpften sie sich in einem Streik im Jahre 1919.

31. Ein orientalischer Weihnachtsmarkt in Dresden – 1895

Der Dresdner ist stolz auf seinen Striezelmarkt. Schließlich gehört er zu den ältesten Weihnachtsmärkten Deutschlands. Er hält auf Tradition und tritt aber auch Neuem aufgeschlossen gegenüber. Vielleicht auch manchmal mit einem gewissen Bauchweh. Doch neugierig ist er trotzdem.

So etwa im Dezember 1895. Eine besonders originelle Idee zur Bereicherung der Adventszeit in der sächsischen Residenzhauptstadt hatte der Eigentümer des gastronomischen Komplexes „Hotel Kaiserhof – Stadt Wien – Wiener Garten". Moritz Canzler veranstaltete einen „Orientalischen Weihnachtsmarkt". Gleich neben der alten Augustusbrücke – gegenüber dem Blockhaus am Brückeneingang zur Neustadt – gab es einen vorweihnachtlichen Bummel der ganz anderen Art. Ein Besuch kostete zwar Eintrittsgeld, doch die Erlöse kamen dem Albertverein zugute. Bereits aufgrund der Vorankündigungen in der örtlichen Tagespresse war ihm ein zahlreicher Besuch gesichert.

Der Weihnachtsmarkt im Wiener Garten war 1895 ein voller Erfolg.

Was gab es hier nicht alles zu sehen? Eine Jerusalemer Straße war mit unzähligen Verkaufshallen nachgestellt. Hier wurden nur „echt orientalische Waren" verkauft. Lautstark wurde über die Preise verhandelt. Statisten schlüpften in Kostüme von Beduinen, Eseltreibern und Verkäufern. Sie trugen „charakteristische und malerische Trachten". Das Bild einer orientalischen Stadt wurde nachgestellt. So gab es unter anderem auch eine Klagemauer der Juden, einen Harem und ein arabisches Kaffeehaus. Hier wurde ein vorzüglicher Mokka serviert.

Für die musikalische Unterhaltung sorgten türkische und arabische Kapellen. Vielleicht war es der Klang jener Töne, die viele Dresdner dazu bewog, sich ein eigenes Bild von diesem bunten Treiben zu machen. Da schreckte auch nicht der freitägliche Eintritt von einer Mark ab. (An den anderen Wochentagen kostete es nur die Hälfte.) An Spitzentagen konnten bis zu 3.000 Gäste begrüßt werden.

Viele der Besucher hofften natürlich auf eine Wiederholung im Jahre 1896. Doch wie weit sich Aufwand und Nutzen für den Hotelier Moritz Canzler gerechnet haben, darüber ist nichts bekannt. Über eine ähnliche Veranstaltung wird in den Folgejahren nichts berichtet. Es war wohl ein einmaliges Ereignis.

Die Idee war originell. Der Besucheransturm bestätigte dieses. Und selbst über hundert Jahre später sei die Frage erlaubt: Wäre so etwas nicht auch heute möglich?

32. Eine vergessene Tradition – Die „gelbe Suppe" der Dresdner Stadtverordneten und der Mitglieder des Rates

Traditionen können das Zusammenleben befördern. Das war bei den zahlreichen Dresdner Stadtverordneten so. Alljährlich gab es ein Abschieds- und Begrüßungsessen für die Kommenden und Gehenden. Ein Brauch, der sich im letzten Drittel des 19. Jahrhunderts eingebürgert hatte. Die genaue Geburtsstunde dieser Treffen ist schwer belegbar. Interessanter ist jedoch, dass die eifrigen Beamten eine Akte führten, die über 30 Jahre lang diese Feiern dokumentierten.

Die Aufzeichnungen beginnen am Ende der 1890er Jahre. Damals trafen sich die Dresdner Stadtoberen hauptsächlich im „Kgl. Belvedere" zum gemütlichen Jahresausklang. Küche und Keller des Restaurateurs Fiebiger hatten einen hervorragenden Ruf. Zahlreiche Reden wurden gehalten und auch „die Laune unter den ehrwürdigen silber- und goldkettengeschmückten Stadtväter" erreichte bald einen ersten Höhepunkt. Zuerst erhielten die engagierten Musiker ihren verdienten Beifall. Wenig später war man dann unter sich. Erst ab diesem Zeitpunkt wurden dann gemeinsame Tafellieder angestimmt. Nach bekannten Melodien entwickelten sich nicht wenige Stadtverordnete zu Textdichtern. Ob sie die Zeilen während der Arbeitszeiten oder am späten Feierabend gedichtet hatten, ist nicht überliefert.

Es stellt sich die Frage: Warum wurden diese Jahresabschlussessen „Gelbe Suppe" genannt? Die Antwort ist in der festlichen Speisenfolge zu finden. Das Menü begann traditionell mit dieser Spezialität. So auch im Jahre 1905.

Gelbe Suppe
Steinbutte mit holl. Sauce
Roastbeef engl. garniert
Kalbsmilche mit Champignonspurée
Getrüffelter Truthahn
Salat – Compot
Plumm – Pudding
Käse und Butter
Früchte
SENDIG, Kgl. Belvedere

Im ausgehenden 19. Jahrhundert fanden diese jährlichen Feiern meist im Kgl. Belvedere statt. Später wechselte man auch schon einmal in die Restaurationslokalitäten des Städtischen Ausstellungspalastes. Von 1906 bis 1909 fanden die Veranstaltungen dann im Hotel „Zum Palmengarten" an der Pirnaischen Straße statt. Mit der Eröffnung des Neuen Rathauses im Jahre 1910 wurde die „Gelbe Suppe" regelmäßig hier abgehalten.

In der Speisenfolge blieb die gelbe Suppe ein fester Bestandteil. So auch in den letzten Dezembertagen des Jahres 1910. Die Anzahl der Gänge hatte sich lediglich verkleinert, denn schon längst gab es Beschwerden über das verschwenderische Festmahl der Stadtoberen. So wurden serviert:

Gelbe Suppe
Hamburger Rauchfleisch
Seezunge
Marschall Robert (kalter Fasan und Ente) und Salat
Eis
Käse

Man traf sich im Festsaal des neuen Rathauses. Ein zu diesem Anlass verfasstes Tafellied trug den Titel: „Auf in den Ratskeller! Lieder eines überzeugten Alkoholisten". Extra gedruckte kleine Liederheftchen halfen den Gästen, den Text zu halten. Und so mancher wird nach dem Abschluss des offiziellen Teils in die Gewölbe des „Ratsweinkellers" eingekehrt sein.

Auch in der Zeit des Ersten Weltkrieges wurde an den traditionellen Veranstaltungen festgehalten. Wiederum sollte die Schlusssitzung mit „kriegsmäßigem geselligem Beisammensein" beendet werden. Der Ratsweinkellerwirt wurde beauftragt, ein bescheidenes Menü zusammenzustellen. Maximal drei Gänge: bestehend aus der „Gelben Suppe", Ferkelfleisch und Käse.

In den Zwanziger Jahren wurde diese Tradition wieder belebt. Erstmals nahmen auch Vertreter der SPD teil. Spätestens nach dem Ende der Inflation wurde auch die angebotene Speisenfolge reichhaltiger. Doch an ein gemeinsames fröhliches Absingen von Tafelliedern war nicht mehr zu denken. Die politischen Auseinandersetzungen hatten sich verschärft. Neue Zeiten einer Streitkultur waren entstanden, die auch nicht bei dem gemütlichen Zusammensein „Gelbe Suppe" entschärft werden konnten. Wenige Jahre später gab es dieses Jahresabschlussessen nicht mehr. Die „Gelbe Suppe" geriet in Vergessenheit.

Tafellied des Jahresabschlussessens „Gelbe Suppe" im Jahre 1905

In schönster Eintracht stimmten die Dresdner Stadtverordneten am späten Abend ihre Gesänge auf ihre Heimatstadt an. Ein extra gedrucktes Liederheftchen sollte ihnen als Stütze dienen. Hier ein Beispiel:

Mein Dresden lob ich mir!
Mel. Ein Römer stand in feinst'rer Nacht.

Dresdensia, Dich lob' ich mir, denn wo im Deutschen Reich,
Gäb's eine, die an Ehr und Zier Dir, teuren, käme gleich!
In deutscher Städte Blütenkranz strahlst Du als Residenz.
In deiner Schönheit hellem Glanz bist Du mein Elbflorenz.

Berlin, na ja, det is man wahr, ist Stadt der Eloquenz,
Als Haupt und Meßstadt macht's sogar den Leipz'gern Konkurrenz.
Doch hier in Dresden sprechen wir nur hochdeutsch,
wenn auch weich,
Und unseren „nassen Jahrmarkt" hier kommt keine Messe gleich.

Stadt Köln ein schönes Rathaus hat, wir haben ja bald drei,
Das letzte kriegt'nen schönen Turm trotz aller Schimpferei.
Das Kölner Wasser Kühlung gibt, doch Struve's Selters auch,
Der Kölner Dom ist zwar berühmt, doch Frau'n und Kreuzkirch auch.

Von Bremer Musikanten liest bei uns ein jedes Kind,
Doch unsere, Menschen hier gar gern gehört und auch sind.

Man denke doch am Olsen und an den Trenkler August noch
Und auch die Militär-Kapell'n sie stehen alle noch!

In Kassel den Kakao man vermengt mit Hafermehl,
Baut Häuser, wo man trocknen kann
die Treber möglichst schnell.
Doch hier in Dresden sorgt man auch für manche Leckerei,
und weltbekannt ist ganz gewiß die Stollenbäckerei.

In Frankfurt macht man Würste schön, bei uns' sind sie auch gut.
Nach Schandau kann man baden gehen, am Elbberg an so gut.
Des Handels Hamburg sich erfreut, Stettin viel Schiffe baut,
Doch kommt nur her nach Elbflorenz, die großem Werften schaut!

Manche Metzer noch in Frankreich hängt und
nur französisch spricht,
In Polen mancher polnisch denkt, das Deutschtum achtet nicht.
In Dresden herrscht von alles her stets echter, deutscher Geist,
Der deutsche Macht und deutsche Ehr' in Wort und Lied preist!

Ein gut Maß Bier die Münchner braun, im werten Vaterland,
Ist auch noch Hof und Kulmbach wohl, auch Erlangen bekannt.
Was man Felsenkeller braut und auch im Hofbrauhaus
Ist sicher gut, d'rum trinkt man auch gar manches Tröpfchen aus.

Für Nürnberg, Stadt des Altertums, ich hohe Meinung hab;
Es freut sich Meistersängers Richter; die erste Uhr's uns gab.
Doch unsre Bildergalerie ist wahrscheinlich auch bekannt,
Und's Altertums-Museum auch schätzt man im deutschem Land.

Das Rosental ist Leipzigs Stolz, den Scherbelberg man liebt,
Man geht gar gern in Scheibenholz, dort's Bergsteigen man übt.
Im Großen Garten haben wir, wir ham die Dresdner Heid',
Wir haben Loschwitz, Liebeneck und Lößnitz ist nicht weit.

In Chemnitz ist man sehre stolz auf seine Essen hoch.
Auch rühmt ein jeder Chemiker sein Vogelschießen hoch

Doch so viel saure Gurken gibt's dort wahrscheinlich
nicht zu sehen,
Wie bei uns auf der Vogelwies' die ganze Woche runterstehn.

Und Essen sieht bei uns für war auch schon genug stehen,
Vom Fernheizwerk kann man sogar die ganze Stadt besehen.
Von Erfurt lernt ein jedes Kind, es sei die Blumenstadt,
Doch unser Dresden auch fürwahr gar schöne Blumen hat.

In Kiel man einen Hafen hat, wo viele Kriegsschiffe sein,
Die Schiffe sind verschieden sehr, es gibt die groß und klein.
Doch wir in Neudorf sind fürwahr, auch wirklich schöne raus,
den Pieschner Hafen sticht jawohl uns Niemand leichte aus.

Von Heidelberg da hört man oft, man kann –
dort fröhlich zu sein
Der Gerstensaft und manchmal auch bei einem Glase Wein.
Wie steht es nun in Dresden hier? Wie ist es doch hier Brauch?
Ich denk', in unserer Heimatstadt da kneipt man öfters auch.

Noch manche Stadt könnt' nennen ich, um zu beweisen gleich:
In Dresden, ja, da spiegelt sich das ganze Deutsche Reich.
Und wer dies jetzt schon eingesehen, der ruf', das ist mein Rat:
Hoch Dresden Dir, so schmuck und schön, hoch Dir,
die deutsche Stadt.

Nach jeder vorgetragenen Strophe stimmten sie dann gemeinsam den Refrain an:

Mein Dresden, Dir meiner lieben Heimatstadt,
Dir, o Dresden, das auch gute Menschen hat,
Dir, o Dresden, dem mein treu in Lust und Leid,
Ja, Hurra, sein mein Herz stets geweiht.

33. Der vermeintliche Skandal –
Das Publikum im Vergnügungseck
der Deutschen Bauausstellung 1900

Anfang des Sommers 1900 fand in Dresden die „Deutsche Bauausstellung" statt. Zahlreiche Besucher wurden erwartet. Schon im Vorfeld begannen die Planungen zur Errichtung eines „Vergnügungsecks". Es erfolgten Ausschreibungen zur Errichtung provisorischer Gastwirtschaften. Die gastronomischen Einrichtungen des städtischen Ausstellungspalastes reichten nicht aus, um die vielen Gäste auch ausreichend zu versorgen. Für die Dresdner Gastronomen war es eine willkommene Gelegenheit, gerade in den eher geschäftsflauen Sommermonaten ausreichenden Umsatz zu erwirtschaften. Schließlich zog es gerade zur warmen Jahreszeit zahlreiche Stammgäste in die Biergärten an den Stadtgrenzen.

So waren es auch hauptsächlich erfahrene Altstädter Gastwirte, die hier eine Niederlassung ihrer Restaurationen errichteten. Dem Thema der Ausstellung entsprechend warben sie mit speziellen Namen. So zum Beispiel „Mühle und Bergwerk" (Michael Wobsa), „Germanisches Thor" (Carl Closs), „Römisches Castell" (Clemens Zschäckel) oder „Landwirtschaft" (Joh. Glatty).

Mitte Juli 1900 veröffentlichte der „Lößnitzer Erzähler" den Artikel eines Besuchers der „Deutschen Bauausstellung". Dessen Ansinnen lag weniger in der Präsentation der technischen Leistungen. Eher interessierte er sich für das angeschlossene „Vergnügungseck". Allein die Titelzeile „Radaubrüder und Messerhelden" machte die örtliche Tagespresse auf seinen Bericht aufmerksam. Und es erregte sie das anschließende Fazit, das in dem Satz gipfelte:

„... Anständige Menschen, welche die Ausstellung besuchen, sollten sich im Vergnügungseck nach den bisherigen Erfahrungen nicht sehen lassen ..."

So stellte auch die „Dresdner Rundschau" ihre eigenen Untersuchungen an. Keinesfalls bestritt sie, dass er immer wieder Leute gebe, die besonders dorthin gingen, wo „etwas los ist". Hemmschwellen würden durch reichlich Alkoholgenuss gemindert. Die kleine Messerattacke eines Radaubruders könne aber nicht als Maßstab für die zahlreichen Besucher des Vergnügungsecks gelten. Und sie bekräftigen zugleich, dass wohl jener Reporter weit übers Ziel hinausgeschossen sei. Den Störenfrieden sei energisch das Handwerk zu legen. Eine bessere polizeiliche Aufsicht sei notwendig. Und die Ausstellungsleitung sah sich veranlasst, ein Rundschreiben an die beteiligten Gastwirte zu versenden. Diese wurden an ihre Aufsichtspflicht gegenüber den weiblichen Bedienungen erinnert. So heißt es unter anderem:

„... Unter allen Umständen müßten die Herren Wirte dafür besorgt sein, daß die Kellnerinnen thunlichst in den Lokalen bleiben, für die sie engagiert sind, daß sich dieselben nicht zu den Gästen setzen, daß sie sich in ihren Kostümen nicht am Tanz beteiligen und, daß sie sich überhaupt den in den Lokalen verkehrenden Herren nicht in unanständiger Weise nähern, vielmehr etwaigen Zudringlichkeiten der Gäste gegenüber sich möglichst ablehnend verhalten ..."

Eine deutliche Warnung!

34. Stammtischbeobachtungen in Dresden um 1900

„... Was der Reichstag für das Reich, der Landtag für das Land, was das Stadtverordnetenkollegium für die Stadt, das ist der Stammtisch für das Individuum ..."

Zu diesem Fazit kam Anfang des 20. Jahrhunderts Johannes Renatus bei seinen Studien über das Leben in Dresden. Der aufmerksame Beobachter beschrieb in vielen Episoden, wie der Dresdner so „leibt und lebt". Jene festgehaltenen Alltagseindrücke gaben ein volkstümliches Bild vom bunten Treiben vor über hundert Jahren. Dazu gehörten auch die unvermeidlichen Besuche in einer der zahlreichen Gastwirtschaften. Denn wo konnte man seine Studien besser vervollständigen als dort?

Das Gastgewerbe hatte um die Jahrhundertwende einen ganz bedeutenden Stellenwert. Eine Tatsache, die sich durch alle Gesellschaftsschichten zog. Dieses hat nicht allein mit der ausgeprägten deutschen Vereinskultur zu tun. Seit vielen Jahrhunderten waren Gaststätten ein wichtiger Anziehungspunkt.

Der erfolgreiche Gastwirt versuchte natürlich, sich eine Stammkundschaft heranzuziehen. Preiswerte Abonnementkarten, insbesondere für Speisen, sollten den Gast zur Wiederkehr bewegen. Stammtische entstanden, da sich das treue Publikum untereinander kennenlernte. Im vertrauten Kreise schmeckten die Speisen und Getränke einfach besser. Oft endete es in abendlichen Plaudereien. Hier wurde gelobt, belehrt, gefeilscht oder gestritten. Und jeder der „Möchtegernpolitiker" hatte zu allen gesellschaftlichen Fragen seine feste Meinung. Tratsch- und Klatschgeschichten sorgten für eine Auflockerung der angespannten Atmosphäre.

Johannes Renatus unternahm den Versuch, die Stammtischbesucher in verschiedene Kategorien einzuteilen. Sechs Gruppen kristallisierte er heraus.
– Die Lebensmüden
– Die Gemeinnützigen
– Die Eifrigen
– Die Lebens-Weisen
– Die Rücksichtslosen
– Die Allesbesserwissenden

Die **Lebensmüden** sprachen von ihren Erinnerungen „aus alter guter böser Zeit". Häufig erzählten sie zum zigsten Male eine lustige Anekdote, um wenig später einen „Vergleich mit der hässlichen schönen Gegenwart" zu finden. Die alten Herren zwischen 56 bis 83 Jahren konnten alle auf eine erfolgreiche berufliche Entwicklung zurückblicken. Pensionierte Beamte, in den Ruhestand getretene Fabrikanten oder ein ehemaliger Sprachlehrer. Sie alle waren in Dresden geboren, später dann an verschiedensten Orten tätig gewesen und am Zenit ihres Lebens wieder in ihre Geburtsstadt zurückgekehrt. Und zu erzählen hatten sie sich vieles.

Die **Gemeinnützigen** beschäftigen sich zumeist mit kommunalen oder politischen Problemen. Jede anstehende Wahl wurde erörtert. Stundenlang konnten sie über den Sinn anstehender Steuererhöhungen debattieren. Als eifrige Zeitungsleser verfolgten sie natürlich die Entwicklung des Krieges zwischen Russland und Japan. Und so konnte es durchaus passieren, dass der Stammtisch zu einer militärischen Lagebesprechung umfunktioniert wurde. Gab es in der großen Weltpolitik nichts mehr zu klären, dann richtete sich ihr Augenmerk wieder auf die sächsische Residenzhauptstadt. Genauso emotional wurde dann das Problem abgehandelt, ob die Straße X. nun ein neues Straßenpflaster benötige oder nicht.

Die **Eifrigen** unterscheiden sich nur wenig von den Gemeinnützigen. Jene sehen den Stammtisch lediglich als Fortführung ihres Berufes. In den zahlreichen Restaurants um die Gerichtsgebäude sind jene Spezis zu finden. Hier tauschten die Rechtsanwälte ihre Meinungen über gesprochene Urteile oder noch laufende Verfahren aus.

Die **Lebens-Weisen** waren dagegen ganz anders. Sie sehen den Stammtisch zur Erholung und Erheiterung an. Sie lieben die leichtverdauliche Kost und wollen am Abend ihren Humor ausleben. Schließlich lag ein anstrengender Arbeitstag hinter ihnen. Politische Diskussionen am Stammtisch waren ihnen suspekt.

Die **Rücksichtslosen** waren überhaupt nicht beliebt. Sie wurden an den Stammtischen überhaupt nicht geschätzt. Zu oft fielen sie einem anderen Redner ins Wort und ließen ihn nicht ausreden.

Den **Allerbesserwissenden** ging es ähnlich. Jene kommentierten jede Meinung und duldeten keinen Widerspruch ihrer feststehenden Meinung.

Jene charakteristische Einteilung von Stammgästen hat etwas für sich. Denn alle beschriebenen Typen von Gästen werden sie in Gaststätten mit Stammtischen auch heute noch finden. Nur ihre abendlichen Gesprächsstoffe haben sich geändert.

35. Über die Tätigkeit der privaten „Dienstvermittlungsbureaus" um die Jahrhundertwende

Im Dresdner Gastgewerbe wurde ständig nach geeignetem Personal gesucht. Das ist heute so und sah vor hundert Jahren nicht anders aus. Der gesamte Gewerbezweig war von einer hohen Fluktuation von Arbeitskräften gekennzeichnet. Als Ursachen galten die Abhängigkeit vom Trinkgeld, lange Arbeitszeiten und geringer Grundlohn. Weiterhin waren viele Mitarbeiter mit Kost und Logis in dem gastronomischen Betrieb untergebracht. Starke Arbeitnehmerverbände wie in den anderen Branchen hatten sich nicht gebildet. Die Einhaltung der gesetzlich verordneten Ruhezeiten war nicht kontrollierbar. Es wurde für Hungerlöhne gearbeitet. Viele Arbeitnehmer gaben auf und suchten ihr Glück in anderen Branchen. Hier gab es zumindest eine regelmäßige Arbeitszeit – auch wenn sie oft zwölf Stunden betrug. Doch waren zumindest der Sonntag und die Feiertage der Erholung vorbehalten.

Die zahlreichen Hoteliers, Restaurateure und Gastwirte der Stadt bedauerten nur selten den Weggang eines Angestellten. Sie sahen auch keinen Grund an den Arbeitsbedingungen oder den Entlohnungsformen etwas zu ändern. Schließlich gab es genügend Arbeitsuchende. Schon längst hatten sie die Auswahl von geeignetem Personal privaten Stellenvermittlern übertragen. Findige Kaufleute witterten hier das große Geschäft. Ihre Provisionen holten die sich natürlich nicht bei den gastronomischen Unternehmern. Der verzweifelte Arbeitsuchende hatte die Vermittlungsgebühr zu zahlen. Schon längst hatten sich einige der Vermittler auf spezielle Branchen spezialisiert. Unter anderem zählte die Gastronomie zu den Branchen, wo die höchsten Gewinne zu erwarten waren. Denn auch ein saisonaler Vertrag ließ die Kassen klingeln.

Bereits in den 1890er Jahren wurde gegen die geschäftlichen Methoden der „Vermittlungsanstalten" protestiert. Am 6. März 1893 fand in Wien die erste freie Versammlung der weiblichen Gehilfen des Gastgewerbes statt. Fast vierhundert Bedienstete waren der Einladung gefolgt. Hier sah man Vertreterinnen aller Altersstufen. Vom „Mädchen für alles", Hotelstubenmädchen und anerkannten Köchinnen. Zweck der Versammlung war, sich gegen die unlauteren Methoden der Stellenvermittler zu wehren. So manches Dienstmädchen sprach zum ersten Male über ihre bitteren Erfahrungen. Oft wurde sie von einer schlechten Stelle zur anderen geschickt. Manchmal stellte sich später heraus, dass überhaupt keine Stelle zu vergeben war. Die Vermutung lag nahe, dass hier potentielle Arbeitgeber und private Stellenvermittler „unter eine Decke steckten". Vertreter der staatlichen Behörden schrieben diese Anschuldigungen zwar fleißig mit, aber an der gängigen Praxis konnten sie nur sehr wenig ändern.

Auch in der sächsischen Residenzhauptstadt Dresden gründeten sich solche „Dienstvermittlungsbureaus". Das wohl bekannteste hieß „Zum Adler". Die Büroräume befanden sich in der ersten Etage des Hauses Frauenstraße 3.

Ende des Jahres 1897 beantragte der ehemalige Gastwirt Johann Karl Hille beim Dresdner Stadtrat die Genehmigung zur Eröffnung eines solchen Gewerbes. Als Hauptaufgabe sah er „die Vermittlung

Auch eine gute Ausbildung garantierte keine auskömmliche Belohnung.

von Dienstboten, Kellnern und Kellnerinnen" an. Wenige Wochen später erhielt er vom Gewerbeamt die erforderliche Erlaubnis.

Natürlich erfolgte diese Entscheidung auch mit einer gewissen Skepsis. Da es auch hier schon viele Beschwerden über das Geschäftsgebaren privater Stellenvermittler gab, hatte er eine genaue Aufstellung der erhobenen Vermittlungsgebühren zu erstellen. Diese Tarife wurden dann vom Gewerbeamt bestätigt und als bindend erklärt. Diese eingereichten Listen geben ein anschauliches Bild, wie sich das gastronomische Personal um die Jahrhundertwende zusammensetzte. Hier ein Auszug:

Männliches Personal	Vermittlungsgebühr	
	Mark	Pfennige
Laufburschen, Hausburschen u. Wagenkutscher	4	
Hauskutscher, mit Bierapparat vertraut	5	
Bierausgeber bei 25–40 Mark Monatslohn	6	
Bierausgeber bei 41–80 Mark Monatslohn	10	
Mitarbeiter in Rechnungsstellen	20	
Hausdiener für Gasthöfe	10	
Hausdiener für Hotels	15	
Portiers	20	
Kellner	10	
Oberkellner	15	
Zahlkellner	25	
Köche bei 60–100 Mark Monatslohn	10	
(Küchenchefs) bei 101–250 Mark Monatslohn	20	
Aushilfen pro Person und Tag		–,50

Weibliches Personal	Vermittlungsgebühr	
	Mark	Pfennige
Haus- und Küchenmädchen	3	
Büfett-Mädchen bei 20–30 Mark Monatslohn	4	
Dieselben sowie Mamsells bei 31–40 Mark Monatslohn	5	
Herdmädchen, Zimmermädchen	4	
Köchinnen bei 20–30 Mark Monatslohn	4	

Köchinnen bei 31–40 Mark Monatslohn	5
Köchinnen bei 41–90 Mark Monatslohn	6
Anfänger, Kellnerinnen	6
Kellnerinnen für Bier-Restaurant	10
Kellnerinnen für Wein-Restaurant	12
Aushilfen pro Person und Tag	–,50

Besonders auffallend ist das Lohngefälle zwischen dem männlichen und weiblichen Personal. Für viele Angestellte wurde überhaupt kein mögliches monatliches Einkommen angegeben. Diese waren hauptsächlich auf das Trinkgeld der Gäste angewiesen. Erstaunlich auch die unterschiedliche Bewertung der Kellnerinnen in einem Bier- oder Weinrestaurant. Es wurde davon ausgegangen, dass Weintrinker höhere Trinkgelder geben.

36. „Moderne Sklaverei?" – Die Kellnerinnenfrage im Jahre 1902

Schon seit einigen Jahren beschäftigte sich die satirische Wochenzeitschrift „Dresdner Rundschau" mit dieser Frage. Immer wieder erreichten die Redaktion Leserzuschriften zu diesem Thema. So zum Beispiel im November 1899. Mehrere Lohnkellner beschwerten sich darüber, dass zu der demnächst anstehenden Ausstellung „Für Haus und Herd" ausschließlich weibliche Serviererinnen engagiert worden waren. *„Bisher ist es üblich gewesen, daß in unseren Städtischen Ausstellungspalast für die Restaurationsräume nur männliches Bedienungspersonal fungierte."* Sie sahen sich in ihrer Existenzgrundlage gefährdet. Schließlich hatte unter den etwa 4.000 Kellnern in Dresden fast ein Drittel eine Familie zu ernähren.

Im Sommer 1900 gab es wieder empörte Lesermeinungen. Diesmal ging es um das Publikum im „Vergnügungseck" der Deutschen Bauausstellung. Wiederum waren viele Kellnerinnen zur Bewirtung der Gäste eingesetzt. Eindringlich wurden die beteiligten Gastwirte von den Behörden auf ihre Aufsichtspflicht hingewiesen.

So heißt es unter anderem:
„Unter allen Umständen müssten die Herren Wirte dafür besorgt sein, dass die Kellnerinnen thunlichst in den Lokalen bleiben, für die sie engagiert sind, dass sich dieselben nicht zu den Gästen setzen, dass sie sich in ihren Kostümen nicht am Tanze beteiligen und dass sie sich überhaupt den in Lokalen verkehrenden Herren nicht in unanständiger Weise nähern, vielmehr etwaigen Zudringlichkeiten der Gäste gegenüber sich möglichst ablehnend verhalten."

Eine schwierige Aufgabe. Bei Nichtbeachtung drohte ihnen Konzessionsentzug und den überführten Kellnerinnen ein Eintrag bei der Sittenpolizei.

Im Jahre 1902 wurde der Versuch unternommen, aus den vielen Zuschriften ein Fazit zu ziehen. Es wurden drei Gruppen ausgemacht, welche die Kellnerinnenfrage unterschiedlich beurteilten:
– Als erstes die „unentwegten Frauenrechtlerinnen". Sie argumentieren, es sei ein berechtigter und erlaubter Konkurrenzkampf „des Weibes gegen den Mann".
– Zur zweiten Gruppe zählten die Gastwirte, die weibliches Bedienungspersonal eingestellt hatten. Sie betrachteten es von der wirtschaftlichen Seite. Für weibliche Kellnerinnen hatten sie weniger Lohn zu zahlen als für ihre männlichen Kollegen. Zudem zogen die attraktiven Damen mehr Gäste an. Die Umsatzzahlen sprachen für sich.
– Die dritte Kategorie war die der „müßigen Zuschauer". Nicht wenige Gäste schätzten das weibliche Bedienungspersonal. Aber es gab auch viele, welche einen Verstoß gegen die „Wahrung von Anstand, Sitte und Moral" sahen.

Im Allgemeinen unterschied sich der Arbeitstag einer Kellnerin nicht von dem ihrer männlichen Kollegen. Tägliche Arbeitszeiten von zwölf Stunden waren keine Seltenheit. Die Festlöhne waren äußerst gering angesetzt. Eigentlich entsprachen sie denen eines einfachen Landarbeiters. Nur durch die zusätzlich vereinbarten Verkaufsprovisionen an Speisen und Getränken und den gängigen Trinkgeldern wurde der Beruf attraktiv. Auch wenn die Dienstkleidung oft selbst bezahlt wurde.

Von einer „Trinkgeldsucht" konnte dennoch im Großen und Ganzen keine Rede sein. Mit unterschiedlichen Methoden wurde um ein Trinkgeld gekämpft. Die Kellner versuchten oft durch eine „liebenswürdige, kriechende Bedienung" dem Gast jeden Wunsch von den Augen abzulesen. Nach unzähligen Verbeugungen präsentierten sie dann die Rechnung. Und sie hofften auf ein gerechtes Trinkgeld für ihre Arbeit.

Die Kellnerinnen konnten dagegen „wirksameres Geschütz" auffahren. Nicht nur in ihrem eigenen Interesse, sondern auch des Gastwirtes. Offiziell war das Animieren zum Trinken verboten. Strenge staatliche Verordnungen bestimmten, dass die Kellnerinnen sich nicht zu den Gästen setzen durften. Doch dieses Verbot sagte nichts darüber aus, wie es mit dem „Danebenstehen" aussah. Mit Charme wurde so manche zusätzliche Flasche Wein verkauft. Der Gastwirt freute sich über den Umsatz, die Kellnerin auf ein gutes Trinkgeld und der Stammgast über einen angenehmen Abend.

Die Zunahme des weiblichen Bedienungspersonals war nicht zu übersehen. Insbesondere in den vielen kleinen Weinstuben. Später folgten einige Bierrestaurants und Kaffeehäuser. In einem Reiseführer aus dem Jahre 1911 wird exakt aufgelistet, wo es Damenbedienung gab.

Ein Zeitzeuge versucht das Phänomen so zu erklären: Viele Kellnerinnen seien auf freiwillige Almosen des Gastes angewiesen. Zunächst entstehe ein kleines materielles Abhängigkeitsverhältnis, das manchmal in einer „Freundschaft" münde. Dann seien großzügigere Trinkgelder zu erwarten. Ein neues „Verhältnis" entstehe. Die Phantasie des Beobachters endete dann in der Schlussfolgerung: „Wahre Freunde aber pflegen sich keinen Wunsch zu versagen."

1902 konnte man noch nicht ahnen, dass sich diese Diskussionen bis weit in die Jahre des Ersten Weltkrieges hinziehen würden. In den 1920er Jahren gehörte weibliches Bedienungspersonal dann zu den Selbstverständlichkeiten im Gastronomiebereich. Und die vielen Befürchtungen wegen der „Sitte und Moral" hatten sich im

Großen und Ganzen erledigt. Auch die Angestellten im Gastgewerbe erkämpften sich Tarifverträge. Damit wurde Abhängigkeit von den Trinkgeldern entscheidend entschärft.

37. Die Weinstube zum „Schillerhof" im Gasthof zu Blasewitz

Der Gasthof zu Blasewitz war das älteste Lokal im Ort. Zahlreiche Umbauten veränderten das barocke Gebäude. Seit dem letzten Drittel des 19. Jahrhunderts besaß der Wirt das alleinige Privileg zur „Abhaltung öffentlicher Tanzveranstaltungen." Von nah und fern kamen jeden Sonntag die tanzfreudigen Besucher. Immer wieder beschwerten sich Anwohner des Schillerplatzes über den Lärm. Die Musik schallte aus den offenen Fenstern des Saales im zweiten Stock. Außer der Aufforderung an den jeweiligen Gastwirt, die Fenster während der Veranstaltungen geschlossen zu halten, passierte nicht viel.

Im März 1902 war aus der örtlichen Tagespresse zu erfahren, dass Blasewitz um eine Sehenswürdigkeit reicher sei. Unter dem Slogan „Kommen, sehen und staunen!" empfiehlt damaliger Pächter Schmidt seine neu geschaffene Weinstube „Schillerhof". Diese befand sich im Parterre des Hintergebäudes des alten Gasthofes. Vorzügliche Verpflegung und eine erstklassige Weinauswahl wurden den Gästen versprochen. Die „neue ungarische Damen-Bedienung" würde für eine besonders angenehme Atmosphäre sorgen.

Fein säuberlich klebte ein für Blasewitz zuständiger Ortspolizist die gesammelten Inserate auf. Weinstuben mit weiblicher Bedienung standen in jenen Jahren in keinem guten Ruf. Zahlreiche Beispiele aus dem Dresdner Nachtleben stützten die Vermutungen der Polizisten. Der sittenstrenge Gesetzeshüter stellte bei seinen Inspektionen sehr schnell fest, dass unter den Gästen zahlreiche alleinstehende Herren waren. Jene behaupteten dann, dass sie durch die Kellnerinnen liebenswürdiger bedient werden würden. Und auch der Gastwirt Schmidt sagte ohne Scheu, würde er männliches Bedienungspersonal einsetzen, wäre sein Lokal leer. Gleichzeitig versprach er dem Wachmann, seinen Aufsichtspflichten gegenüber dem weiblichen Personal geflissentlich nachzukommen.

Mit Argusaugen wurde das muntere Treiben im Hinterhof des Gasthauses zu Blasewitz beobachtet. Doch erst im Oktober 1903 wurde es möglich, dem munteren Treiben ein Ende zu setzen. Was war geschehen? An einem späten Abend tauchte ein ziemlich angetrunkener Bürger in der Polizeiwache Blasewitz auf. Er bezichtigte eine Kellnerin der Weinstube zum „Schillerhof" des Diebstahls. Zwanzig Mark seien ihm gestohlen worden. Auf Befragen des Wachmannes berichtete er, dass er von morgens halb neun Uhr bis abends um halb elf Uhr gezecht habe. Gemeinsam gingen sie zu dem Gasthof. Der Polizist befragte die beschuldigte Kellnerin. Diese stritt den Diebstahl ab. Das Verhör wurde auf der Polizeiwache fortgesetzt.

Im Hinterhof des Blasewitzer Gasthauses ging es hoch her.

Letztendlich ging es aber schon längst nicht mehr um die Anzeige, sondern um die Arbeitsbedingungen in der Weinstube. So heißt es unter anderem in dem Protokoll:

> *„... Die (I.) hat mir offen den gesellschaftlichen Verkehr mit (O.) zugestanden, sie erklärte ferner, dass der Gasthofbesitzer Schmidt den Weinkellnerinnen keinen festen Lohn zahle, er gebe gerne jeder Kellnerin zu verstehen, daß sie im Geschäft „nebenbei" stets verdienen könne ..."*
>
> *„... Die Schmidt'sche Weinstube wäre schlimmer als ein Puff, die Kellnerinnen müssten auf alle mögliche Art und Weise die Gäste veranlassen, den letzten Thaler aus der Tasche zu geben. Die (I.) war von Schmidt polizeilich nicht gemeldet, dieselbe hat ihren Dienstherren wiederholt gebeten, die Anmeldung zu besorgen, er hat dabei die Äußerung gethan, die Anmeldung kommt zeitig genug, überhaupt kann mich die Blasewitzer Polizei am Arsche lecken ..."*

Schon einen Tag später erschien der angetrunkene Gast des Vorabends wieder auf der Polizeiwache. Er nahm seine Anzeige gegen die Kellnerin zurück. Für den Gasthofbesitzer Schmidt hatte der Vorfall aber weitreichende Konsequenzen. Der Gemeindevorstand Blasewitz zeigte ihn an. Es bestünde der dringende Verdacht, dass Schmidt seine Schankerlaubnis „zur Förderung der Völlerei und der Unsittlichkeit" missbrauchen würde. Im Juli 1904 wurde ihm die Schankerlaubnis entzogen. Vom Königlichen Landgericht in Dresden wurde er wegen Kuppelei rechtskräftig verurteilt. Als Gastwirt war er nicht mehr tragbar.

38. Dresdens größtes Zeitungskaffee am Altmarkt

Schon bereits am Anfang des 19. Jahrhunderts waren die zahlreichen Kaffeehäuser in der Stadt ein vielbesuchter Treffpunkt. Sie waren nicht allein wegen des reichhaltigen Kuchenangebots und der Vielzahl der Kaffeespezialitäten beliebt. Zahlreiche Gäste informierten sich hier auch täglich über das aktuelle Welt- und Stadtgeschehen. Schon längst hatten einige Kaffeehauswirte Tageszeitungen zur Lektüre ausgelegt. Viele konnten sich bereits über ein großes Stammpublikum erfreuen.

1890 übernahm der Oberkellner Peter Peböck das vor neun Jahren gegründete „Café Central" an der Schlossstraße. Es war noch ein kleines bescheidenes Kaffeehaus, das sich wenige Jahre später in Richtung Altmarkt erweiterte. Es unterschied sich nicht wesentlich von den vielen anderen gleichartigen Einrichtungen in der sächsischen Residenzhauptstadt. Peböck hatte den Stellenwert einer Informationsbörse erkannt. Zu jeder Tageszeit war sein Kaffeehaus gut besucht.

Bereits im Jahre 1894 standen über 300 Zeitungen, Journale, wissenschaftliche Blätter und Fachzeitschriften zur Auswahl. Dieses Angebot wurde durch vierzig Adressbücher der größten Städte des deutschen Kaiserreiches und Österreich-Ungarns, „verschiedene Militärrang= und Quartierlisten, dem „Gothaischen Hofkalender" und einem Konversationslexikon ergänzt. Auch konnte man im „Café Central" in die aktuellen „Lotterieziehungslisten" und Eisenbahnfahrpläne einsehen.

Anfang des 20. Jahrhunderts vereinigte es sich mit dem benachbarten „Café Metropole". Neue Lese- und Spielzimmer kamen hinzu. Ein Damen-, Nichtraucher- und Klubsalon wurde eingerichtet. Und stetig erweiterte sich auch das Leseangebot. Über 500 Publikationen werden in den nächsten Jahren zu Verfügung stehen. Die Zahl der Adressbücher hatte sich verdoppelt.

Ohne ein gut ausgebildetes Personal wäre die erfolgreiche Entwicklung zu Dresdens größtem Zeitungskaffee nicht möglich gewesen. Über 30 Angestellte fanden hier Lohn und Brot. Ein Mitarbeiter war für die Pflege des umfangreichen Lesematerials verantwortlich. So berichtet ein Zeitgenosse: *„Kaum hat der Gast Platz genommen, da liegen schon die von Herrn Wagners kundiger Hand geordneten Zeitungen auf den schmucken Marmortischen bereit."*

Im Café Central lagen über 500 Publikationen für die Besucher bereit.

Ein so großes Kaffeehaus mit der reichlichen Zeitungsauswahl konnte sich über den Ersten Weltkrieg nicht halten. Wenige Monate nach dem Beginn verschwanden zahlreiche internationale Publikationen. Im April 1917 trennte man sich auch von den Räumlichkeiten vom ehemaligen „Café Metropole". Die Zeiten hatten sich geändert.

39. Wie die Automatenrestaurants nach Dresden kamen

Dresden um die Jahrhundertwende. Schon lange gab es öffentliche Diskussionen über den lästigen Trinkgeldzwang in den Gastwirtschaften. Die Kellner lebten davon. Ihr Festgehalt war äußerst gering angesetzt. Selbstbedienungsrestaurants kannte man noch nicht. Aber die zunehmende „Automatisierung" machte auch vor dem Gastgewerbe nicht halt.

Mitte der 1890er Jahre wurde auf einer Berliner Gewerbeausstellung erstmals ein solches „electrisch-automatisches Restaurant" gezeigt. Die Besucher waren begeistert. Bisher kannten sie nur einzelne

„Automatenapparate", die in den Gastwirtschaften vorgeführt wurden. Wie zum Beispiel Schokoladenautomaten. Geräte, an denen man sich Speise und Trank selbst zusammenstellen konnte, hatten sie aber noch nicht gesehen. „Bediene dich selbst, kein Trinkgeld!" war der Werbeslogan und wurde gerne angenommen.

So dauerte es auch nicht lange, bis die ersten Restaurants dieser Art eröffnet wurden. Berlin und andere deutsche Großstädte machten den Anfang. Das Gewerbeamt in Dresden war aber sehr lange skeptisch, ob für diese neue technische Errungenschaft überhaupt ein „Bedürfnis" bestehe. Da half auch nicht das im Dezember 1896 erschienene Inserat der Berliner Maschinenfabrik Sielaff, dass sämtliche Vorteile dieser neuen Apparate aufführte und Interessenten zur Aufstellung suchte. Es versteht sich von selbst, dass die Automatensysteme für Bier, Wein, Spirituosen, Kaffee, Kuchen, Brötchen, und allerlei Speisen in den höchsten Tönen gelobt wurden. Auch wurde nicht vergessen zu erwähnen, dass die Apparate ohne Uhrwerk arbeiteten und jederzeit bedient werden könnten. Die Füllbehälter für Wein und Liköre seien luftdicht verschlossen; das Bier komme direkt vom Fass, so seien Qualitätsverluste ausgeschlossen. Das leidliche Problem, ob nun nach richtigem Maß ausgeschenkt wurde oder ein anderer Gast für den gleichen Preis mehr oder weniger bekam, wurde durch automatische Einstellungen an den Maschinen gelöst. Die ausgeschenkten Mengen blieben absolut gleich.

Diese Argumente überzeugten nicht. So hatte der stadtbekannte Hotelier Rudolf Sendig im Februar 1901 keinen Erfolg. Sein Gesuch etwas zu schaffen, „was Dresden noch nicht besitzt und in anderen Städten Deutschlands mit breitesten Erfolge Aufnahme gefunden hat", wurde abschlägig beschieden. Er hatte vor, „50–60 automatische Apparate zwecks Ausschank von geistigen Getränken und Erlangens von Speisen" in seinem „Ladenlokal" Große Brüdergasse 8 aufzustellen. Vorteile dieses neuen Unternehmens sah er darin, dass der vornehme oder einfachste Gast sich Erfrischungen kaufen könne. Die Preise pro Portion und Glas sollten um die 10 Pfennig liegen. Man sah dafür kein „Bedürfnis".

Doch fand bei den Behörden ein Gesinnungswechsel statt. Am 25. Juli 1903 wurde in Dresden das erste Automatenrestaurant feierlich eröffnet. Es befand sich im Haus Seestraße 7. Viel Geld hat die Firma Wehn & Co. in den Umbau investiert. Sowohl die Fassade, aber auch die Innenräume waren auf das „eleganteste hergerichtet". Für zehn Pfennig konnte man alles haben, was das Herz begehrte. Belegte Brötchen mit Schinken, Lachs, Krabben und sogar Hummerfleisch. Dazu die verschiedensten Biere, Weine, Liköre oder alkoholfreie Getränke.

Besonders hervorgehoben wurde die spezielle Konditorei-Abteilung. Die war besonders luxuriös eingerichtet. Bei einer Tasse Kaffee und einem Stück Kuchen war die aufgestellte „Grotte mit Wasserfall, nebst Pflanzendekoration bei elektrischer Beleuchtung" zu bestaunen. Und nicht nur die Damenwelt erfreute sich an dieser neuen Einrichtung. Für Zeitungsleser waren die „allerneuesten Depeschen" ausgelegt und für „Sportsfreunde" gab es die aktuellsten Rennberichte. Eine örtliche Tageszeitung zieht folgendes Fazit:

„... Die Geschäftsleute, Reisende und sonstiges Publikum, welche gezwungen sind, schnell einen billigen Imbiß oder eine kleine Erfri-

Selbstbedienung, um Trinkgeld zu sparen – ein neues Geschäftsmodell.

schung einzunehmen, werden die Eröffnung des Automatenrestaurants mit Freuden begrüßen ..."

Es sollte nicht lange dauern, bis die nächsten Automatenrestaurants in Dresden eröffneten. So zum Beispiel November 1904 im Haus Wilsdruffer Straße 25. Jenes war in vier Abteilungen unterteilt. Das Restaurant bot neben einer reichlichen Auswahl an warmen und kalten Speisen fünf verschiedene Biersorten an. In der Bodega gab es Südweine, Liköre und Fruchtweine. Kaffee, Kakao und Kuchen gab es in der Konditorei. Auch eine kräftigende Bouillon war hier zu haben. Besonders hebt der Unternehmer Oskar Stamm seine Nebenräume hervor. Seine Waschräume verfügten über eine Warmwasserleitung. Auch Kleider und Stiefel konnten hier gereinigt werden. Und da eine gute Gaststätte in der damaligen Zeit auch ein Auskunftsbüro war, lagen Kurszettel, Adressbücher, Rennberichte, Ziehungslisten und Fahrpläne aus. Telephon und Telegrammdienste gehörten gleichfalls zum Service.

Im Jahre 1908 folgten dann der „Wettin-Automat" (Wettiner Straße) und der „Imperial-Automat" (König-Johann-Straße). Besonders die stark frequentierten Geschäftsstraßen oder Plätze erwiesen sich als idealer Standort. So wurde dann auch 1911 im neuerbauten Palast-Hotel Weber am Postplatz der „Palast-Automat" eröffnet. 13 Automatenrestaurants zählte Dresdens Innenstadt Ende des Jahres 1913.

Ein großer Teil der entstandenen Automatenrestaurants gab das Geschäftskonzept Anfang der 1920er Jahre auf. Im Palasthotel Weber wurde in den ehemaligen Räumlichkeiten ein modernes Café errichtet, der „Königs-Automat" (Prager Straße 33) lud als Wein- und Likörstube ein, und in den alten Räumen vom „See-Automat" wurde die bekannte Gaststätte „Seerestaurant" errichtet. Die wenigen, die noch übrig blieben, hatten mit der galoppierenden Inflation zu kämpfen. So kostete eine belegte Semmel im „Residenz-Automat", das nun „Residenz-Büfett" hieß, plötzlich 500 Mark, kurz danach schon 50 Millionen und schließlich viele Milliarden Mark.

Nur noch wenige derartige Restaurants wurden in den 1920er- und 1930er Jahren neu eröffnet. Die sogenannten „Erfrischungshallen" – Selbstbedienungsrestaurants in großen Warenhäusern – hatten ihre Funktion übernommen.

40. „Militärverbot" – eine Warnung an die Dresdner Gastwirte!

Von jeher galten die zahlreichen Schank- und Speisenwirtschaften als beliebte Treffpunkte. Am Stammtisch wurde Luft abgelassen und in den Hinterzimmern große Politik gemacht. Hier traf man sich nach einem anstrengenden Arbeitstag. Den Gastwirt freute es. Zahlreiche Gäste und lange Unterhaltungen brachten Umsatz. Denn hitziges Debattieren machte Durst und Hunger. Die Kasse klingelte.

Mit Argusaugen versuchten die staatlichen Behörden das muntere Treiben zu überwachen. Letztendlich wussten sie aus ihrer Erfahrung, dass täglicher Genuss von alkoholischen Getränken für den einen beruhigend wirkte, aber bei vielen anderen Gästen Hemmschwellen senkte. Doch es waren weniger die zu erwartenden Prügeleien, die ihnen Sorge bereitete. Als viel größer wurde die Gefahr eingeschätzt, dass sich politische Vereinigungen bilden könnten.

Das sahen auch die Vertreter der sächsischen Militärbehörden so. Versetzen wir uns zurück in das letzte Drittel des 19. Jahrhunderts. Durch das Sozialistengesetz war die SPD verboten worden. Es konnte aber nicht verhindert werden, dass sich die zahlreichen Arbeitnehmer in anderen legalen Vereinen organisierten. Und sie trafen sich in den zahlreichen Schank- und Speisewirtschaften. Und es konnte nicht vermieden werden, dass die Rekruten im Ausgang hier ebenfalls ihr Bier tranken. Die Gefahr war groß, dass sie bei dieser Gelegenheit mit sozialdemokratischem Gedankengut infiltriert wurden. Die eifrigen Beamten der Polizei und der Kommunalbehörden wurden angehalten, jegliches Zusammentreffen zu melden.

In den Gemeindeakten der Vorstadtgemeinde Trachau befindet sich ein Dokument aus dem Jahre 1888, das über 44 Zusammenschlüsse von Arbeitnehmern aufzählte. Berufsvereine, Kranken- und Begräbniskassen, Chöre und Sportvereine wurden genannt. Wenn sie sich in einer der zahlreichen Gastwirtschaften trafen, durften Soldaten diese Lokalität nicht betreten.

Eine Kontrolle dieser strengen Maßnahmen war schwierig. Denn welcher Zivilist würde sich erkühnen, Vertreter der sächsischen Armee zu überprüfen. Ausdrücklich wurde in den damaligen Verfügungen darauf hingewiesen, dass die Gemeindevertreter und Polizeibeamten dazu befugt seien. Die Militärbehörde brauchte zur weiteren Untersuchung nur die eingestanzte Säbelnummer. So war der Soldat sehr schnell identifizierbar. Ein kooperatives Verhalten der Gastwirte war zur Umsetzung dieser Maßnahmen nicht zu erwarten. Wurde eine angemeldete Veranstaltung bekannt, sprachen die Armeebehörden ein „Militärverbot" aus. Dieses war nur auf den jeweiligen Tag beschränkt. In den Gewerbeamtsakten wurde diese Entscheidung registriert.

Im März 1905 wurden diese kleinen Sanktionen verschärft. So erhielt der Vorsitzende des Landesverbandes der Saalinhaber im Königreich Sachsen eine wichtige Mitteilung. Das Königliche Generalkommando der XII. (I.K.S.) Armeekorps gab durch die Polizeiorgane neue Bestimmungen bekannt. Das „Militärverbot" wurde nicht mehr für den Tag der Versammlungen verhängt. Jeder Lokalinhaber solle sich aber bewusst sein, dass die Duldung sozialdemokratischer Veranstaltungen ein dauerndes Verbot des Besuches von Militärangehörigen die Folge haben könne. Dieses würde ausgesprochen, wenn sich die Dresdner Gastwirte und Saalinhaber nicht an folgende Regeln halten würden:

„... An dem Tage, an den sozialdemokratische Versammlungen in dem Lokale stattfinden, habe der Lokalinhaber mindestens eine Stunde vor dem Versammlungsbeginn ein Plakat an dem Saaleingange und an den Eingängen zu den Nebenräumen anzubringen und so lange hängen zu lassen, bis an diesem Tage das Lokal geschlossen werde.

Auch habe der Lokalinhaber Militärpersonen, die trotz des ausgehängten Plakats das Lokal betreten würden, auf das Plakat aufmerksam zu machen. Das Plakat habe in deutlich lesbarer Schrift die Worte: Versammlung! Heute für Militär verboten! zu enthalten."

Wehrpflichtige sollten so vor zersetzenden Ideen geschützt werden. Als besonderen Feind sah man den zunehmenden Einfluss der Sozialdemokratie im Kaiserreich. Strenger militärischer Drill und Kasernenleben beschäftigte sie am Tage, doch über ihre gesetzlich festgelegten Freigänge hatte man keine Kontrolle. Mit den strengen Regelungen wurde der Versuch unternommen, die jungen Rekruten vor sozialdemokratischer Einflussnahme zu schützen. Die Dresdner Geschäftsstelle des Landesverbandes der Saalinhaber Sachsens bot erst einmal die vorgeschriebenen Plakate zum Preis von zehn Pfennig an.

Doch auch bei den kaisertreuesten Gastwirten fand diese Verschärfung der Bestimmungen wenig Zuspruch. Schließlich konnte man sie nicht zum politischen Sittenwächter im deutschen Kaiserreich machen. Ihr Geschäft war die gastronomische Bewirtung. Die Bewertung vereins- und parteilicher Auffassungen stehe ihnen nicht zu. Zumal, da nicht wenige Versammlungen unter anderem Namen angemeldet wurden. Sie mit einem dauerhaften Verbot vom Besuch Militärangehöriger zu bestrafen, empfanden sie als ungerecht und geschäftsschädigend. Wenig später wurden die strengen Maßnahmen wieder zurückgenommen. Doch über das bunte Treiben in Dresdens Gastwirtschaften wurde weiterhin gewacht.

41. „Vergnügungseck" oder „Ausstellungspark" – Fragen zur Ersten Internationalen Hygiene-Ausstellung – 1911

Wussten Sie schon – wo vor hundert Jahren – die Hälfte aller Dresdner Ehen beschlossen wurden? Ein aufmerksamer Zeitzeuge gibt uns in dem Buch „Mit mir durch das Dresden von heute" darüber

Auskunft. Die Antwort lautete: „Im Ausstellungspark". Hier flirtete das junge Dresden an den Sommerabenden. Viele Dresdner Familien besaßen Dauerkarten. Eifrig wurde davon Gebrauch gemacht. Während die Eltern an den Tischen Platz genommen hatten, flanierten die Herren Söhne und Fräulein Töchter die großen Kolonnaden auf und ab. So kam es zu unzähligen Verbindungen. Wohlweislich unter den gestrengen Blicken der Eltern.

So war es auch im Jahre 1911. Anlässlich der Ersten Internationalen Hygiene-Ausstellung wurde in unmittelbarer Nachbarschaft ein gigantisches Vergnügungsviertel errichtet. Um eine Vorstellung von der Größe und dem vielfältigen gastronomischem Angebot zu bekommen, begeben wir uns auf eine Zeitreise:

Abends, wenn die Eingangspforten der großen Ausstellungspavillons schlossen, begann das Leben in den vielen provisorisch eingerichteten Restaurantbetrieben. Nach dem umfangreichen Bildungsprogramm wurde nun für Leib und Seele gesorgt. Gleich neben dem Städtischen Ausstellungspalast bot „Weißhappels Wurstereiprater" süffiges bayrisches Bier und köstliche „Brühwürstchen" an.

Wenige Schritte weiter erhob sich der Bau des „Trocadero". Zunächst wusste man nicht, was das ist. Als wenig später bekannt wurde, es sei ein Kabarett, hieß es nur: „Ach so!". Aber schon nach wenigen Tagen traf sich hier die junge sowie alte Dresdner Lebewelt. Die Kabarettkünste, die hier geboten wurden, hatten überzeugt. Die Räumlichkeiten waren mit keinem ablenkenden überladenden Prunk ausgestattet. So berichtet ein Zeitzeuge:

> *„Und die Künste! Charme, Reiz, Anmut, Heiterkeit und vollendete Abrundung. Dabei eine Gemütlichkeit, wie sie nur der verfeinerte Geschmack und die harmlose Witzigkeit des Wieners hervorzuzaubern vermag. Wenn da mitten unter dem Publikum die kleinen Engländerinnen ihre Tanzsprünge zum besten geben, wenn der dickste von den Wiener Schrammeln an der Seite des Saales mit Fiakerlied singt und wenn die Bühne sich füllt mit kosakischen Tänzern, dann ist die Stimmung ungeheuer ..."*

Eine weitere Stätte solch fröhlicher Gemütlichkeit war Ernst Eicklers Alpenpanorama-Restaurant „Oberbayern". Das Flair der bayerischen Alpen wurde hier künstlich nachgestellt. Der Architekt Martin Pietsch hatte dazu die Pläne geschaffen. Hier wurde Münchner Löwenbräu ausgeschenkt. Aber auch die gute Küche des Restaurationsbetriebes sprach sich schnell herum. Die hier täglich angebotenen „Schweinsknöchel" zählten schon nach wenigen Wochen als „Dresdner Spezialität".

Doch nicht jeder Gast schätzte so viel Lärm und Lachen. Gegenüber dem russischen und österreichischen Pavillon hatte der Restaurateur Emil Richter das „Café Corso" errichtet. Die Herkulesallee hieß während der Ausstellung „Rue des nations".

Das gemütliche Gartenrestaurant bot die Möglichkeit, dem „Flanieren der eleganten Welt zuzuschauen". Konzerte der Musikkapellen in den benachbarten Restaurationen störten dabei nur wenig. Vielmehr erfreute sich der damalige Gast an „dem Licht der Tausende von Glühlampen".

Das Trocadero auf der Hygiene-Ausstellung.

Emil Richter hatte noch ein zweites Unternehmen in diesem „Erholungspark". Hierbei handelte es sich um das Restaurant „Die fidelen Biedermeier". Im Dresdner Volksmund hieß es sehr schnell „Bierritze". Dieses war dem Umstand geschuldet, dass es sich in einer Enge zwischen Orientalischem Kaffee und eines Tanzsalons befand.

„Im engen Raume staut sich hier die Menge und sucht sich einen Platz, schon wacker empfangen von den komischen Grobheiten der Berliner „Biedermeier" – denn die Kellner sind hier eigentlich gar keine Kellner, sondern – nein, wir verratens nicht – Grobiane! Daß sie daneben singen und musizieren können und sogar eigene Witze machen, verrät vielleicht, dass sie eigentlich Künstler sind."

Das Publikum schätzte diese Art von Erlebnisgastronomie. Die kleine Lokalität war jeden Nachmittag und Abend voll besetzt.

Der danebenliegende große Tanzsaal wurde von dem Dresdner Saalinhaber Gustav Fritzsche bewirtschaftet. Ihm gehörte seit 1886 das stadtbekannte Ballhaus „Eldorado" in der Steinstraße. Das schöne Gebäude im Ausstellungspark wurde nach den Plänen des Architekten von Mayenburg errichtet. Die Außenfassade, aber auch das Innere wurde von nahezu tausend Glühlampen erleuchtet. Zahlreiche Gäste kehrten hier in den Abendstunden ein. Nicht jeder wollte tanzen, sondern viele nur das Flair bewundern. Aus diesem

Internationale Hygiene-Ausstellung Dresden 1911. E. Richters Café Corso an der Rue des nations. Entwurf von Architekt Bender, Dresden. Spezial-Zeichnung für das „Salonblatt" von E. Lőminer.

„Das Café Corso – ein Gartenrestaurant, das den denkbar angenehmsten Aufenthalt bietet", hieß es in einem zeitgenössischen Bericht.

Grunde waren die Sitzgelegenheiten so angeordnet, dass von jedem Platz aus, der Saal übersehen werden konnte. Besonderes Glück hatten die abendlichen Besucher, die von der Galerie oder dem Weinsalon das Geschehen überblicken konnten. Bis in die frühen Morgenstunden spielte die Hauskapelle zum Tanz auf.

Das in den Sommermonaten eröffnete „Vergnügungseck" gehörte zu einem festen gesellschaftlichen Treffpunkt in der sächsischen Residenzhauptstadt. Diese Tradition wurde auch in den folgenden Jahrzehnten fortgeführt.

42. Karl August Lingner – der verspätete Gast im Hotel „Europäischer Hof"

Über eine ungewöhnliche Karriere konnte der Kaufmann Karl August Lingner im deutschen Kaiserreich zurückblicken. Die Stätte seines Erfolges war Dresden. Lingner wurde am 21. Dezember 1861 in einer Kaufmannsfamilie in Magdeburg geboren. Eigentlich wollte er in Paris Musik studieren. Diese Pläne zerschlugen sich aber nach einem zweijährigen Aufenthalt. So nahm er im Jahre 1885 eine bescheidene Stellung als Buchhalter und Reisevertreter in der bekannten Dresdner Nähmaschinenfirma „Seidel & Naumann" an.

Im Jahre 1888 machte er sich selbstständig. Vier Jahre später vermarktete er das vom Chemiker Richard Seifert entwickelte Mundwasser „Odol". Die „Lingnerwerke AG" wurden als Produktionsort geschaffen. Schon frühzeitig erkannte er die Macht der Reklame. Wenig später entstanden unter anderem schon Zweigniederlassungen in Österreich-Ungarn, London, Basel und Paris. Nach dem europäischen Erfolg war es spätestens im Jahre 1907 weltbekannt.

Große Teile seines millionenfachen Vermögens setzte Lingner für gemeinnützige Zwecke ein. Selbst andere erfolgreiche Dresdner Unternehmer waren erstaunt über die organisatorischen Fähigkeiten des „Selfmademans". Schließlich war es seinem Engagement zu verdanken, dass in Dresden die erste internationale Hygiene-Ausstellung stattfand. Sicherlich gab es im Vorfeld nicht wenige Stimmen, die meinten, diese große Veranstaltung solle nur der Selbstinszenierung Lingners und dem Verkauf seines Mundwassers „Odol" dienen. Doch bereits in den Ausstellungstagen verstummten jene kritische Stimmen. Viele Gewerbezweige profitierten von einem nie gekannten Gästeansturm. Die Anzahl der Dresdner gastronomischen Betriebe erreichte ihren Höhepunkt. Und auch andere Industrieunternehmen wurden über die sächsischen Grenzen hin bekannt.

Das sächsische Könighaus belohnte Lingners Leistungen. Ihm wurde der Titel „Geheimer Rat mit dem Titel Exzellenz" verliehen. Seine berufliche und gesellschaftliche Karriere erreichten ihren Höhepunkt. Man bewunderte Lingners geschäftlichen Erfolg, registrierte aber gleichzeitig dessen nicht immer gesellschaftsfähigen Umgang mit dem Ruhm. Eine gewisse Arroganz war nicht zu übersehen.

Diese Erfahrung machte auch Dresdens bekanntester Hotelier Rudolf Sendig. Sein „Europäischer Hof" an der Prager Straße gehörte zu den größten und vornehmsten Hotelbetrieben der Stadt. In den dazugehörigen Restaurationslokalitäten trafen sich die Vertreter des Hochadels und ortsansässige Industrielle zu Geschäftsgesprächen. Verstöße gegen die Etikette ärgerten Sendig. So konnte er sich nicht verkneifen, folgende Begebenheit der Nachwelt zu hinterlassen:

„... Lingner hatte dem Schulschiffverein eine namhafte Summe zukommen lassen, und der Großherzog von Oldenburg, der in meinem Hotel in Dresden wohnte, hatte den verdienstvollen Geber zu sich zum Frühstück geladen. Nun ist es eine bekannte Tatsache, dass gerade in kurfürstlichen Kreisen peinlichste Pünktlichkeit als selbstverständlich vorausgesetzt werden.

Es vergingen aber 10 Minuten, es verging eine Viertelstunde, der geladene Gast, Excellenz Lingner, kam nicht. Der Adjutant des

Der Europäische Hof war vor dem Ersten Weltkrieg die erste Adresse Dresdens.

Großherzogs war schon zweimal bei mir gewesen, um sich nach dem Verbleib Lingners zu erkundigen, endlich, zwanzig Minuten nach 11 Uhr fuhr das Auto vor, und Excellenz Lingner erschien behaglich auf der Bildfläche.

Auf persönliche Teilnahme, nicht um Kritik auszuüben, hielt ich es für meine Pflicht, Lingner anzudeuten, wie sehr er schon erwartet wurde.

‚Sind Sie beauftragt, mir das zu sagen?', fragte seine Excellenz mit unglaublichem Hochmut. Ich erwiderte ihm, dass das nicht der Fall sei, dass ich nur mein persönliches Empfinden zum Ausdruck gebracht habe. Anstatt mir nun freundlich zu danken, sagte Lingner in ungehöriger Schroffheit: ‚Kümmern Sie sich nicht um mich, sorgen sie dafür, dass wir tadellos bedient werden!'. ‚Gewiß', entgegnete ich nicht ohne Ironie, ‚ich habe sogar für sie Mundwasser mit Odol angeordnet ...'"

43. An den Donnerstagen ging es zur „Internationalen Reunion" in das Etablissement „Weißer Adler"

Schon in den letzten Jahrzehnten des 19. Jahrhunderts gehörte das neu geschaffene Konzert- und Ballhausetablissement „Weißer Adler" zu einer der beliebtesten Tanzadressen. Natürlich nur für diejenigen, die sich auch die Preise leisten konnten. Schließlich traf sich hier das zahlungskräftige Dresdner Publikum mit den zahlreichen internationalen Kurgästen der Sanatorien des naheliegenden Kurortes Weißer Hirsch. Dank der engagierten Gastwirte bot sich hier ein reichhaltiges Veranstaltungsprogramm. Zunächst durften aber öffentliche Tanzveranstaltungen nur an den Sonntagen und Montagen durchgeführt werden. Eine Dresdner Tanzverordnung, auf deren Einhaltung noch bis in den Jahren des Ersten Weltkrieges streng geachtet wurde. Andere deutsche Städte gingen in dieser Angelegenheit schon längst toleranter um.

Waren es nun das Unverständnis der zahlreichen internationalen Kurgäste oder einflussreiche Persönlichkeiten der staatlichen Behörden, die all ihre Beziehungen einsetzten, eine Lockerung dieser strengen Tanzbestimmungen zu erreichen? Auf alle Fälle hatten zur Sommersaison 1906 die zahlreichen Anträge des Gastwirtes endlich einen Erfolg. Erstmals wurde ihm gestattet, auch an den Donnerstagen öffentliche Tanzveranstaltungen durchzuführen. Hier ist die Geburtsstunde der legendären „Internationalen Reunion" zu suchen.

Bereits im Juli berichteten erste örtliche Tageszeitungen über diese neuen Tanzveranstaltungen. Im „feenhaft beleuchteten Ballsaale" schwebten zahlreiche Tänzer über die glatte Parkettfläche. Und so zog „Der Beobachter an der Elbe" folgendes Fazit:

> *„... Der Zuzug für diese Abende wird immer stärker, und wenn sich nachts 12 Uhr die Kapelle schweigend zurückzieht, so herrscht noch immer buntes Leben an den verschiedensten Tischen weiter, denn aus Küche und Keller bietet der rührige Wirt vom vorzüglichsten das vorzüglichste ..."*

Als Tanztempel war der „Weiße Adler" weit über die Grenzen hinweg bekannt.

Ein Zeitsprung in das Jahr 1912. Eigentlich begannen die abendlichen Ballveranstaltungen um ½ 8 Uhr abends. Ab Mai gab es nun auch ein Vorprogramm. Bereits ab 4 Uhr nachmittags gab es auf den weitläufigen Terrassen Promenadenkonzerte. Es wurden sogar Tanzkurse angeboten, um Verunsicherungen an der Teilnahme der „Internationalen Reunion" zu begrenzen. Die Dekorationen im Ballsaal wurden immer kostspieliger. Nur die bekanntesten Musikkapellen durften aufspielen. Insbesondere wurde der Mitte Juli abgehaltene Wiener Walzerabend sehr positiv aufgenommen. So gab es zahlreiche Wünsche von Gästen, diese Veranstaltung zu wiederholen. Eine zweite Veranstaltung folgte. Aufgrund des zu erwartenden Gästeansturms wurde in der örtlichen Tagespresse empfohlen, „Tische vorher telegraphisch zu bestellen".

Schon seit einiger Zeit wurde unter den Namen „Kurhaus Weißer Adler" geworben. Tanzwettbewerbe lockerten das abendliche Programm auf. Die Direktion des Etablissements stellte die Geldpreise. Berufstänzern war eine Teilnahme ausdrücklich verboten worden. Das Gästepublikum bestimmte die abendlichen Sieger. Die abendlichen Bälle gingen bis 1 Uhr nachts. So mancher Einheimischer verpasste die letzte Straßenbahn. Aber es standen „Automobile zur Rückbeförderung nach der Stadt zur Verfügung".

Doch auch die Nichttänzerinnen kamen auf ihre Kosten. So fand am 5. September 1912 ein Sommernachtsball statt. Der Höhepunkt des Abends war eine „Damenfrisur-Konkurrenz". Die anwesenden Gäste waren die Preisrichter. So manche schöne und kleidsame Frisur waren zu betrachten. Über „Geschmacklosigkeiten" wurde nicht berichtet. Insbesondere das Damenpublikum von Dr. Lahmanns Sanatorium beteiligte sich sehr eifrig an der Veranstaltung. Es war eine willkommene Abwechslung.

Bei einem solchen internationalen Publikum konnte man sich auch nicht modernen Tänzen verschließen. „one steps oder two steps" waren die Modewörter. Mit Argusaugen beobachteten die staatlichen Aufsichtsbehörden das muntere Treiben auf dem Parkett. Schon längst ahnten sie Verstöße gegen Sitte und Moral. Der Dresdner Polizeipräsident sah sich veranlasst, dagegen vorzugehen. Die Saalinhaber wurden belehrt, solche modernen Tänze in ihren Räumlichkeiten nicht mehr zuzulassen. Strafandrohungen folgten. Und auch das internationale Publikum im „Kurhaus Weißer Adler" bekam die Ordnungsmacht zu spüren. So geschehen an einem Donnerstag im Juli 1913. Diesmal standen die Tanzlustigen vor verschlossenen Saaltüren. Die beliebte internationale Reunion war „wegen Mangel an Bedürfnis" verboten worden. Die zur Einhaltung der Ordnung eingesetzten Polizeikräfte hatten einen schweren Stand. Denn dieser angegebene Grund war nicht nachvollziehbar. Über 600 Personen zogen erbost wieder heim.

Es blieb nur eine ganz kurze Episode. Die Empörung war doch zu groß. Kurze Zeit später wurde dieses Verbot stillschweigend wieder aufgehoben. Auflagen zur Änderung der Tanzveranstaltungen gab es nicht. Vielmehr ging es um Schadensbegrenzung. Denn schon längst hatte sich die übereifrige Aktion der Dresdner Polizei in Deutschland herumgesprochen. Als „Provinzposse" belächelt, war es auch nicht förderlich für die Werbung zahlungskräftiger Kurgäste.

Ein Blick in den Veranstaltungskalender der ersten Hälfte des Jahres 1914 zeigt, dass den Gästen wiederum ein sehr abwechslungsreiches Programm geboten wurde. So fand am Donnerstag, den 19. Februar, der beliebte „Adler-Maskenball" statt. Zwei Militärkapellen sorgten für ausreichende musikalische Unterhaltung. Es gab zusätzlich einen „Tango-Salon" und „Arabische Mocca-Zelte" sorgten für keine Ermüdung. Wenig später wurde dann in den zahlreichen Räumlichkeiten das große Frühlingsfest gefeiert. Anfang Mai gab es dann wieder die beliebten Gartenkonzerte. Und zur internationalen Reunion wurden nun auch die besten Damenhutmodelle ausgezeichnet. An Ideen fehlte es dem damaligen Besitzer des „Kurhauses Weißer Adler" nicht und es wurde dankbar von dem zahlreichen einheimischen und internationalen Publikum angenommen.

Der Ausbruch des Ersten Weltkrieges im Sommer brachte einen jähen Abbruch. Viele Kurgäste versuchten so schnell wie möglich ihre Heimatorte zu erreichen. Wenige Wochen später gab es auch keine öffentlichen Tanzveranstaltungen mehr. Erst im Jahre 1919 gab es erste Versuche zur Wiederbelebung der alten Traditionen. Diese neuen Veranstaltungen waren aber nicht mehr mit den Donnerstagabenden der Vorkriegszeit vergleichbar. Die Zeiten und die Wünsche der Gäste hatten sich gründlich geändert.

44. Zur Wahrung der Sittlichkeit – „Der verbotene Bärentanz" – 1913

Dresden am 26. Mai 1913. Der Vorsitzende des „Vereins der Saalinhaber Dresdens und Umgegend", Gustav Fritzsche, erhielt Post von der Königlichen Polizeidirektion Dresden. Schon seit langem gab es Anzeigen von besorgten Dresdner Bürgern, dass die neumodischen Tänze gegen die guten Sitten verstießen. Der Einzug des Tango-Tanzes in den wohlsituierten Gesellschaftskreisen war noch zu tolerieren. Daran änderte auch nichts, dass sich der deutsche Kaiser Wilhelm II. nur wenig über diese neue Tanzkultur begeistern konnte.

Aber auch die einfache Dresdner Bevölkerung traf sich regelmäßig an den Sonn- und Montagen zum Tanz. Im Stadtgebiet waren zahlreiche Tanzsäle verteilt, wo relativ preiswert ein angenehmer Abend verbracht werden konnte. Hier wurde nicht Tango getanzt. „Wackel- und Schiebetänze", mit immer neueren Tanzschritten bestimmten das Bild. Streng wurde dieses Treiben von der Dresdner Sittenpolizei beobachtet. Schließlich fühlte sich der Dresdner Polizeipräsident berufen, diesem munteren Treiben Einhalt zu gebieten. So heißt es in seinem Schreiben unter anderem:

„Bei der Königlichen Polizeidirektion sind in letzter Zeit mehrfach Klagen darüber geführt worden, daß bei öffentlichen Tanzveranstaltungen auf verschiedenen Sälen der sogenannte „Bärentanz" oder Abarten desselben in einer Weise getanzt werden, die das Sittlichkeitsgefühl verletzte und bei den Saalinhabern Ärgernis errege. Es sind nämlich bei diesem Tanze nicht nur die dabei üblichen plumpen und humpelnden Bewegungen ausgeführt worden, sondern vor allem hat die Tänzerin dabei häufig die Beine seitwärts so abgespreizt, daß man die Unterkleider, Strümpfe usw. sah, oder hat sie beim Beugen des einen Beines nach vorwärts das andere Bein weit rückwärts am Boden entlang gestreckt, daß sich ihr Kleiderschrank hochhob und nicht nur der mit dem Strumpf bekleidete Unterschenkel, sondern sogar ein Stück nackten Oberschenkels sichtbar wurde.

Derartige Auswüchse eines Tanzes kann die Königliche Polizeidirektion nicht dulden. Der Vereinsvorstand wird ersucht, bei seinen Mitgliedern streng darauf hinzuwirken, daß sie derartig anstößige Tanzbewegungen energisch verbieten und die Beteiligten, wenn sie sich dem Verbot nicht fügen, von Vereins wegen der Uebelstand nicht abgestellt und weiterhin Beobachtungen über anstößige Tanzbewegungen energisch zu verbieten und die Beteiligten, wenn sie sich dem Verbot nicht fügen, von ihren Sälen weisen.

Sollte durch dieses Vorgehen von Vereins wegen der Uebelstand nicht abgestellt und weiterhin Beobachtungen über anstößiges Tanzen gemacht werden, so würde die Königliche Polizeidirektion unter Umständen genötigt sehen, den „Bärentanz" überhaupt zu verbieten, außerdem aber auf den Sälen, auf denen die Auswüchse des „Bärentanzes" nicht beseitigt werden, auf Kosten der betreffenden Saalinhaber einen ständigen polizeilichen Aufsichtsdienst einzuführen!"

Jeder Dresdner Saalinhaber erhielt eine Abschrift dieses Schreibens. Gleichzeitig wurden sie darüber in Kenntnis gesetzt, welche Strafen bei Verletzung ihrer Aufsichtspflicht folgen würden.

Mit dieser Maßnahme „zur Wahrung der Sittlichkeit" war Dresden im Vergleich zu anderen deutschen Großstädten sehr weit vorgeprescht. So war es nicht verwunderlich, dass sich ein Tagesblatt in Berlin über diese polizeiliche Verordnung lustig machte. Nicht dem Ziel der Anweisung galt der Spott. Nein, die Formulierung des Textes hat es den Reportern angetan. Der Bericht endete mit dem Fazit: Hätte ein privater Autor eine solche Tanzbeschreibung veröffentlicht, wäre es recht fraglich gewesen, ob man diese Publikation nicht zum höheren Schutz der Sittlichkeit konfisziert hätte.

Nun, das deutsche Kaiserreich schmunzelte über Dresden. Aber die treuen Schutzmänner der Dresdner Polizeiwachen hatten die Einhaltung dieses Verbotes zu kontrollieren. Viele tolerierten das Geschehen auf der Tanzfläche, aber es gab auch einige, die das nicht mehr erlaubte Tanzverhalten anzeigten. So musste sich schließlich im Februar 1914 auch ein sächsisches Gericht mit diesem Fall beschäftigen.

Was war geschehen? Ein junger Mann aus Lunzenau hatte im Hotel Wettiner Hof den bekannten Wackel- und Schiebetanz getanzt. Er sollte mit diesen anstößigen Bewegungen ein öffentliches Ärgernis hervorgerufen haben. Ein Strafmandat mit satter Geldstrafe folgte. Diese wollte der Tänzer nicht zahlen. Gegenüber dem Gericht beteuerte er seine Unschuld. „Die körperlichen Bewegungen sind eben das Eigenartige des Tanzes." Als Sachverständiger wurde ein Tanzlehrer geladen. Der führte dem Gericht die Tanzschritte vor. Zugleich erklärte er auch die neuen Tänze wie „One-steep" und „Two-steep".

Die Beweisaufnahme fiel zugunsten des Tänzers aus. Er wurde freigesprochen. Weiterhin wurde lustig gewackelt und geschoben. Das Verbot war ein Schlag ins Wasser. „Und zwar mit Recht, denn ich wüsste wirklich nicht, warum der Wackeltanz unsittlich wäre oder wirken sollte", schreibt ein Zeitzeuge im Jahre 1914.

45. Beim Namen „Biersanatorium" verstand die Gesundheitsbehörde keinen Spaß

Dresden im Jahre 1906. Seit einigen Jahren bewirtschaftet der Gastwirt Hugo Richter mit seiner Frau das bekannte Restaurant „Zum Schulgut". Jenes befand sich auf der Ziegelstraße. Sein Lokal wurde gern von Studenten, Juristen und höheren Beamten besucht. Eine gutbürgerliche Kneipe eben. Schon seit langem war der leutselige Gastwirt wegen seiner originellen Einfälle bekannt. So schmückte seit einiger Zeit eine Werbetafel die Außenfront seines Lokals. Darauf stand „Lichtenhainer Biersanatorium" zu lesen. Die Gäste lachten über diese originelle Werbeidee. Und selbst so mancher strenge Alkoholgegner konnte sich ein Schmunzeln nicht verkneifen. So ging es auch einige Wochen gut.

Doch Gastwirt Richter hatte nicht mit den strengen Augen der Gesetzeshüter gerechnet. Als der zuständige Stadtbezirksinspektor das Schild erblickte, sah er darin einen groben Unfug. Er erstattete Anzeige und die Polizeibehörde verlangte die Entfernung des Schildes. Bei Nichtbeachtung dieser Aufforderung habe Richter mit einer empfindlichen Geldstrafe zu rechnen.

Der Schulgut-Wirt verstand diese Aufregung nicht und ließ das Werbeschild hängen. Da er nicht gehorchte, wurde ihm als Lohn seiner „Unbotmäßigkeit" ein Strafbefehl über zehn Mark zugestellt. Aber auch diese Maßnahme blieb ohne Erfolg. Er wandte sich an das Königliche Amtsgericht und hatte mit seinem Antrag ungeahnten Erfolg. Die Richter sahen in dem Namen „Biersanatorium" keine strafbare Handlung und verurteilten den Dresdner Stadtrat, die Strafverfügung aufzuheben.

Dieses geschah dann auch. Einige Zeit war Ruhe, doch offensichtlich ärgerte man sich im Rathaus über die Entscheidung des Gerichtes. Also wurde ein neuer Strafbefehl über zehn Mark ausgestellt. Sollte Gastwirt Richter wiederum nicht zahlen wollen, könne er ja den Beschwerdeweg über das Oberverwaltungsgericht oder Kgl. Kreishauptmannschaft gehen.

Diesmal nahm sich der Gastwirt einen Rechtsanwalt. Der setzte ein Schreiben an die Kreishauptmannschaft auf und wies darauf hin, dass der Name „Biersanatorium" nicht als grober Unfug anzusehen sei. Schließlich gebe es auch andere Wortschöpfungen wie „Puppen-Klinik" oder „Billard-Akademie". Diese hätten auch nichts mit einem Krankenhaus oder einer Bildungseinrichtung zu tun. So sah es dann auch die Landesbehörde und wies den Dresdner Stadtrat an, die Strafverfügung zurückzunehmen. Zerknirscht gaben die Stadtväter auf.

Im Restaurant „Schulgut" wurde über diesen unerwarteten Sieg natürlich kräftig gefeiert. Örtliche Zeitschriften berichteten über den grotesken Fall. Der Gastwirt konnte sich nur freuen. Er nannte sich mittlerweile Hugoius Richterius und entwickelte sich zu einem Dresdner Original. Zahlreiche neue Gäste strömten herbei und wollten dem Wirt und das „Biersanatorium" kennen lernen.

Wenige Jahre später zog es ihn näher in Dresdens Innenstadt. Im Jahre 1908 bewirtschaftete er zwei Kabaretts. Das eine befand sich im ehemaligen „Münchner Hof" in der Kreuzstraße. Dies nennt Richter wenig später ganz pariserisch „Chat noir". Das zweite hieß noch „Weißer Hahn" und befand sich im Haus Frauenstraße 12. Hier wird sich dann einige Jahre später die Tradition des „Biersanatoriums" fortsetzen.

„Hugoius Richterius" war eine staatliche Erscheinung. Ein Zeitzeuge beschreibt ihn als einen der dicksten Männer in Dresden. Er strahlte eine Ruhe aus und wurde wegen seines Humors sowie seiner Schlagfertigkeit geschätzt. Jedes Glas Bier wurde vom Wirt mit einem selbst gedichteten Verschen serviert. Im Schmieden solcher Bierverse war er unermüdlich. Manchmal stellte er dem Gast auch nur mit stummer Gebärde das Glas auf den Tisch. Dann war er meist heiser oder nicht bei guter Laune. Die Gäste wurden an solchen Tagen auf die zahlreichen Biersprüche an den Wänden hingewiesen.

So war dort unter anderem zu lesen:
„Traue nicht dem Mann, der mager,
Doch nur dem, der trinkt ein Lager.

Mein Gast hat zu wählen
„Felsenkeller" oder „Feldschlösschen". Das darf nicht quälen."
oder
„In diesem Sanatorium wird jeder gesund
wie ein – Schweinehund."

Unter den Studenten galt dieses Lokal als Geheimtipp. Gern kamen sie zum guten Biervater Richter. Zum einem, weil er auch auf Pump ausschenkte und zum anderen wegen den gepflegten Biere.

Der beliebte Gastwirt Hugo Richter starb kurz vor Ende des Ersten Weltkrieges. Mit ihm verschwand auch der Name „Biersanatorium" aus der Dresdner Gastronomiegeschichte.

46. Die „sinnigsten und unsinnigsten Raritäten" in der Bauernschänke

Nicht jeder Gast will nur gut speisen und trinken. Nein, er will auch unterhalten werden. In zahlreichen Gastwirtschaften spielten Musiker auf. Zunehmend wurden auch Kabarettprogramme oder Vorträge von einzelnen Humoristen angeboten. Denn gerne gelacht wurde zu allen Zeiten.

Eine besonders originelle Gaststätte wurde Ende des Jahres 1911 eröffnet. Gleich gegenüber dem Neuen Rathaus lud die „Dorfschänke" zu einem Besuch ein. Das Haus Kreuzstraße 11 verfügte über eine lange gastronomische Tradition. Um die Jahrhundertwende warb das Hotel und Restaurant „Münchner Hof" um zahlreichen Besuch. Dann wurde der Hotelbetrieb aufgegeben. In den Restauranträumen etablierte sich kurzzeitig eine Marionettenbühne, dann das Kabarett „Chat noir" und wenig später das Konzerthaus „Neue Welt".

Der erste Wirt der neugeschaffenen „Dorfschänke" war Richard Richter. Neben den vorhandenen Galeriäumen baute er auch die

Kellerräumlichkeiten aus. Dank seiner Sammlerleidenschaft wurde insbesondere der „Katakombenkeller" zu einer Sehenswürdigkeit. Eine Unzahl kurioser Gegenstände waren zu bestaunen. Und die neugierigen Dresdner und Besucher der Stadt taten es denn auch. Über fehlende Gäste brauchte er sich nie zu beklagen. Schnell sprach sich herum, dass hier der „Vortr. Rat Josephus Linke" die Sammlung erklärte. Ein Humorist, der in jener Zeit nicht unbekannt war. Man schätzte sein urkomisches Talent, den Witz und besonders die Schlagfertigkeit. Auf alle Fragen hatte er auf seine Art eine Antwort.

Im Januar 1913 erhielt dann das gastronomische Unternehmen den bekannten Namen „Bauern-Schänke". Und erstmals wird das dazugehörige Bauern-Museum erwähnt. Dieses war vermutlich nicht eher möglich, da es ein Lokal mit gleichen Namen auf der Dresdner Gerichtsstraße (ab 1907) gab. Und es wurde weiterhin fleißig um Gäste geworben. Stolz wurde über Neuanschaffungen in der örtlichen Tagespresse berichtet. So im Februar des Jahres 1913:

„... Die Abnormitäten der Bauern-Schänke, Kreuzstraße 11, haben sich wieder um einige prachtvolle Exemplare vermehrt und zwar zwei zusammengewachsene Ziegen und ein Schaf mit zwei Köpfen. Es sind nun zu sehen zwei zusammengewachsene Kälber, Katzen, Hasen und Ziegen, sowie eine Mißgeburt, halb Kalb und halb Schwein. Die Erklärungen beginnen Wochentags 5 Uhr, Sonntags 3 Uhr ..."

Die Bauernschänke auf der Kreuzstraße gehörte mittlerweile zu dem Ulkigsten, was in Dresden in dieser Art existiert. Um sich ein Bild davon zu machen, musste man nur den Vorträgen von Josephus Linke lauschen. Nur er konnte „die sinnigsten und unsinnigsten Raritäten" erklären. Und davon gab es sehr viele in den Gasträumen.

Eine Aufzählung vom Sommer 1914 erwähnt einige dieser Raritäten:

– Der Schinken von einem russischen Bären, welchen Napoleon als unverdaulich zurücklassen mußte.

- *Das berühmte Café Bauer (Vogelbauer),*
- *Stimmgabel vom Gesangs-Verein Petroleum (Mistgabel),*
- *Klopstocks Werke.*
- *Den Bären, welcher jeder Bauernmuseum-Besucher bei der Erklärung aufgebunden bekommt.*
- *Mücke des Hauptmanns von Köpenick.*
- *Der Historiker Spiegel aus dem Paradies, in welchem sich Eva ihre erste Locken brannte.*
- *Eine Leine frischgewaschener Kinderwäsche als Muster für Hochzeitsreisende.*
- *Der Pantoffel eines Dresdner Pantoffelhelden.*
- *Der Apparat, welcher schon in mancher Familie ein wahres Erdbeben verursachte.*
- *Lehmreste vom ersten Menschen.*
- *Schwebende See-Fee (Seife),*
- *2 Raritäten aus der sächsischen Schweiz, der Königstein und die Bast-Ei.*
- *Eine teure Rarität ist eine Flasche Advokaten-Tinte, jeder Tropfen kostet 5 Mark.*
- *Ein paar außer Betrieb gesetzte Elbkähne.*
- *6 Tropfen Maurer Schweiß.*
- *Zeppelins neuester Ballon.*
- *Die neue Dresdner Gast-Anstalt.*
- *Die Stiefeln, mit welchem Frankreich 70 und 71 Elsaß-Lothringen an Deutschland abgetreten hat usw.*

Auch in der Zeit des Ersten Weltkrieges wurde diese eigenartige Kneipe sehr gern besucht. So schreibt die Dresdner Rundschau am 20. November 1915:

„... *Der gemütliche Bauernwirt, Herr Richard Richter, Inhaber des Volta=Kreuzes, K. K. Eisenbahnpassagier 4. Klasse Girokonto: Einbildungsbank Großer Garten, dessen Sprechstunden von 9 Uhr früh bis 1 Uhr nachts sind – früher legte er sogar 3 Minuten zu –, hat in der Tat alles getan, um sein Lokal zur größten originellsten Sehenswürdigkeit unserer Residenz und ihre Umgebung aus zu gestalten* ..."

Der Name „Bauernschänke mit Bauernmuseum" ist aber trotzdem unzertrennlich mit dem Namen Joseph Linke verbunden. Anfang des Jahres 1919 übernahm er die Gastwirtschaft. Der bisherige Besitzer und Gründer Richard Richter übernahm das bekannte Restaurant „Picardie" im Großen Garten (Karcherallee). Der neue Direktor Linke richtete in den oberen Räumlichkeiten eine „Bauern-Diele" ein. Er selbst bezeichnet es als erstes Dresdner Original. „Witz, Humor und Familienverkehr" wurde dem Gästepublikum versprochen. Und irgendwie war das auch so. Ein Chronist jener Zeit berichtet, dass er hier – ohne Bedenken – mit seiner Schwiegermutter einkehren könne.

Josephus Linke
Begründer des ersten Dresdner Bauern-Museums,
das Original mit der großen Uhr
Kreuzstraße 11, gegenüber dem neuen Rathaus

Oft waren die Gäste überrascht, persönlich vom Wirt am Eingang begrüßt zu werden. Noch verdutzter reagierten sie, dass sie von „Josephus" sofort mit „Du" angesprochen wurden. Der Gastwirt trug eine nachempfundene historische Schankwirtskleidung. Diese bestand aus einem Samt-Barett, weißem Hemd, einer dunklen Weste und einer großen Lederschürze.

Besonders auffallend war auch eine große Uhr, die er an seinem Hosenbund mit einer Kette befestigt hatte. Auch wenn es nicht jedermanns Sache war, hatte er für jeden neuen Gast einen originellen Spruch bereit. So konnte es schon mal vorkommen, dass Vollbärtige mit dem Spruch begrüßt wurden: „Na. Riebezahl, lebste ooch noch?"

Von dem oberen Gastraum führte eine Treppe in die „Katakomben". Im Eingangsbereich war der Spruch zu lesen: Mensch, der du da eingehst, lasse die Hoffnung draußen". Irgendwie hatte alles ein

„Mensch, der du da eingehst, lasse die Hoffnung draussen."

Hauch von Nervenkitzel und der Atmosphäre einer Geisterbahn. So gehörte zur Einrichtung auch die Kulisse eines mittelalterlichen Gerichtes. Das erste, worüber sich der eintretende Gast erschreckte, war ein klapperndes Skelett.

„15 Jahre Bauernschänke" konnte im Mai 1922 – mit Bezug auf die obengenannte kurzzeitige Schänke auf der Dresdner Gerichtsstraße – gefeiert werden. Fazit von Josephus Linke: 30 Jahre Artist, 30000ste Erklärung. Erfolgreich führte er sein gastronomisches Unternehmen durch die Goldenen Zwanziger Jahre.

Der mittlerweile zum Dresdner Original gewordene Josephus Linke starb vermutlich Anfang des Jahres 1931. Seine Witwe führte die gastronomischen Geschäfte weiter. Auch in den 1930er Jahren gehörte die Bauernschänke zu den beliebtesten Gaststätten Dresdens. Neben der „Bärenschänke" in der Webergasse erinnern sich noch viele ältere Dresdner an diese Lokalität. Beim Bombenangriff am 13. Februar 1945 wurde auch das Haus Kreuzstraße 11 zerstört. Ein langes Stück gastronomischer Geschichte nahm ein abruptes Ende.

47. Eine kurze gastronomische Episode –
Auch Dresden hatte sein „Moulin Rouge!" – 1914

Noch schwigen die Waffen! Noch zeichnete sich das Gastgewerbe der sächsischen Residenzhauptstadt durch Internationalität aus! Weder Gast noch Saalinhaber ahnten bevorstehende kriegerische Auseinandersetzungen. Die bestehenden Ballsäle wurden durch neue prachtvolle Innendekorationen immer wieder ein Anziehungspunkt der Tanzwütigen. Viel Geld wurde durch die Inhaber investiert. Seit einigen Jahren herrschte ein erbarmungsloser Konkurrenzkampf. Nur jener konnte bestehen, der auch seine Räumlichkeiten dem Zeitgeschmack anpasste. So entstand zum Beispiel in Dresdens Altstadt der prächtig eingerichtete „Wintergarten". Aber auch in Striesen gab es etwas zu entdecken.

Schon seit einiger Zeit gehörte der Ballsaal von „Hammer's Hotel" zu einer beliebten Tanzadresse. Hier amüsierte sich der Dresdner Osten. Der obengenannte Saal wurde vermutlich um 1895 errichtet. Sonntags und montags lud hier ein Ballorchester zum öffentlichen Tanz ein. Das 1945 zerstörte Gebäude befand sich an der Augsburger Straße / Ecke Blasewitzer Straße.

Ende Mai 1914 erfährt man aus der örtlichen Tagespresse erstmals, dass hier ein nachempfundenes „Moulin Rouge" im Entstehen sei. Prachtvolle Lichteffekte und modernste Ballmusik bekräftigten diesen Eindruck. Ein Stück Pariser Flair sollte auch in der sächsischen Residenzhauptstadt zu erleben sein. Denn nicht jeder konnte sich seinen Traum, einen Besuch in der französischen Hauptstadt, erfüllen. So gab es hier „Pariser Ballnovitäten" zu bestaunen. Hier sei das „Rendezvous aller modernen Tänzer" entstanden, heißt es in der örtlichen Tagespresse. Auch noch wenige Tage vor dem Beginn des Ersten Weltkrieges.

Acht Wochen konnte der Besitzer von „Hammer's Hotel" für sein neues Unternehmen werben. Seine Geschäftsidee erschien zunächst einen Erfolg zu versprechen. Er konnte sich bereits über zahlreichen Besuch erfreuen. Doch Ende Juli 1914 änderte sich die politische

Ein wenig Pariser Flair sollte das „Moulin Rouge" nach Dresden bringen.

Lage dramatisch. Wenig später gehörte auch Frankreich zu den Erzfeinden Deutschlands. Zunehmend verschwanden französische Namenbezeichnungen aus dem öffentlichen Leben. Wenige Wochen später wurden öffentliche Tanzveranstaltungen verboten. Und eine Firmierung unter „Moulin Rouge" hatten in der sächsischen Residenzhauptstadt überhaupt nichts mehr zu suchen. Ähnlich sah es auch das kriegsbegeisterte Publikum. An einer Fortführung unter diesem Werbeslogan war nicht mehr zu denken. Und so geriet das naheliegende „Moulin Rouge" in Vergessenheit. Von einer Wiederbelebung ist nichts bekannt.

48. Unruhen im Stadtwaldschlösschen – 1914

Mit dem Beginn des Ersten Weltkrieges kam es zu tiefgreifenden Veränderungen im Dresdner Gastgewerbe. Das leidige Tanzthema war schon längst nicht mehr Stadtgespräch. Schließlich wurden bereits ab Mitte August viele öffentliche Tanzveranstaltungen untersagt. Kriegseuphorie bestimmte die Zeit. In zahlreichen größeren Gaststätten spielten Militärkapellen auf. Bei Speis und Trank wurde bereits der Sieg gefeiert. Doch wehe dem, der diese patriotischen Gefühle störte. So geschehen im Stadtwaldschlösschen am Postplatz. Aus Banalitäten wurden Unruhen. Fazit war, dass der damalige Pächter seinen lukrativen Vertrag verlor. Die vielen Stammgäste gaben erst Ruhe, bis die Waldschlösschen-Brauerei einen neuen Gastwirt für dieses Objekt einsetzte. In einem satirischen, etwas überspitzten Artikel berichtet die „Dresdner Rundschau" von diesen Ereignissen:

„... Das hätte sich der biedere Landwehrmann Gottlieb Pohle sicher nie träumen lassen, daß um Seinetwegen eine wilde Schlacht entbrennen werde, die zwar nicht mit Flinten und Kanonen, wohl aber mit Biergläsern und Stuhlbeinen geschlagen ward, in der ganz gewiß nicht mit weniger Begeisterung gekämpft wurde als irgendwo auf den Kriegsschauplatz.

Der bechernde Gottlieb war auf einem soliden Bummel ins Waldschlösschen-Restaurant am Postplatz geraten und hatte dort, angeregt durch die Hauskapelle, Platz genommen.

Im Verlauf der Sitzung war, nachdem er schon verschiedentlich „Die Wacht am Rhein" und „Deutschland, Deutschland über alles" kräftig mitgesungen hatte, die Begeisterung dermaßen in die Höhe gestiegen, daß er sich mit flotten Reitermarsch dermaßen erhob und, vermutlich auf Grund einer besonderen musikalischen Veranlagung, seinerseits den Takt zu schlagen begann. Die übrigen zahlreichen Gäste hatte Freude an dem begeisterten Landwehrmann aus Kamenz und trinken ihn fröhlich zu.

Nur der Wirt des Lokals, Herr Berthold Wolff, fühlte sich durch Gottliebs Dirigententätigkeit gestört; - Herr Berthold Wolff, der früher, als er noch ein bescheidenes Dasein fristete, mit recht kräftigen Nerven ausgestattet war, der nun aber, seitdem eine günstige Schicksalswendung ihn gestattet, Rennpferde laufen zu lassen und im Doppcart durch die Stadt zu kutschieren, offenbar überaus zart besaitet ist.

So trat er denn auf Gottlieb Pohle zu und verbot seine „Ruhestörungen". Gottlieb Pohle, der seine Kampfeslust für die Franzosen aufzusparen gedachte, war durchaus gewillt, den Weisungen des Waldschlösschen=Wirtes Folge zu leisten und sich richtig zu verhalten. Allein die anderen Gäste, die an dem Auftreten Gottliebs nicht das mindeste auszusetzen gefunden hatten, erhoben energischen Widerspruch.

Und als Herr Berthold Wolff, wie das so seine Art ist, „üppig" zu werden, und von Hausrecht und dergleichen sprach, brach der Sturm mit mächtiger Gewalt aus.

Wie ein Mann erhob sich die gesamte Gästeschar und begann Herrn Bertold Wolff vorzudemonstrieren, daß jeder Marsgänger ohne Ausnahme unter ganz besonderen Schutz des Publikums stehe. Herr Berthold Wolff sah sich denn auch bald genötigt, mit größter Schnelligkeit den Rückzug anzutreten und einen Arzt aufzusuchen, der ihm nach diversen Blessuren verband und ihm Krankenhausruhe dringend empfahl.

1866 richtete die Waldschlößchenbrauerei am Postplatz einen Stadtausschank ein – in dem hohen Gebäude vor der Sophienkirche.

In der Zwischenzeit räumte das Publikum das Lokal auf. Nachdem das mit erstaunlicher Gründlichkeit geschehen war und auch die Hauskapelle das Weite gesucht hatte, zogen sich die Kämpfer für die Ehre Gottlieb Pohles zurück und überließen es der Polizei, die ungastlichen Pforten zu schließen.

Der am nächsten Tage unternommene Versuch, sie zu öffnen, scheiterte kläglich am energischen Widerspruch des Publikums.

Man gewann dabei den Eindruck, als ob Herr Berthold Wolff sich keiner überschwänglichen Beliebtheit erfreue, und die ihm bereitete Niederlage kein sonderliches Mitgefühl ausgelöst habe. Man hielt es vielmehr als Schicksalsfügung, daß ihm jetzt Gelegenheit gegeben war, in aller Muße darüber nachzudenken, wie ein Wort seine Gäste im allgemeinen und Vaterlandsverteidiger im besonderen zu behandeln hat. Namentlich in einer Zeit, da die Begeisterung für die Armee sich auf stolzer Höhe bewegt ..."

Einige Kriegsmonate später beruhigten sich die Gemüter wieder. Auch die „Dresdner Rundschau" distanzierte sich von der Kritik und anfälligen Bemerkungen gegenüber dem Gastwirt Wolff. So heißt es unter anderem:

„... Es hat sich herausgestellt, das Herr Wolff als Pächter der Stadtwaldschlösschen-Restaurants sich lediglich vom Bestreben hat leiten lassen, die Ordnung und Sicherheit in seinen Räumen aufrecht zu erhalten. Es hat ihm völlig fern gelegen, in unpatriotischer Weise dem Soldaten und überhaupt dem Publikum gegenüber Stellung zu nehmen ..."

49. Französische Namen verschwinden aus dem öffentlichen Leben – Dresden im Sommer 1914

War es nur blinder Patriotismus oder gab es schon erste indirekte staatliche Aufforderungen, französisch klingende Namen durch deutsche Wortlaute zu ersetzen? Kurz nach Ausbruch des Ersten Weltkrieges sind in Dresden eine Reihe von Namensänderungen zu registrieren. Zum Beispiel hieß die altbekannte Tageszeitung „Dresdner Journal" plötzlich „Sächsische Staatszeitung". Zu ihrem alten Namen wird sie nie mehr zurückkehren.

Zahlreiche Unbenennungen erfolgten im Dresdner Gastgewerbe. Alles wurde eingedeutscht, wo man nur ein passendes Wort fand. Mit der Speisekarte fing es an und wenig später folgte der Firmenname. Einige Beispiele seien hier genannt:

– Bereits Mitte August 1914 wurde der Namenszug an der Fassade des altehrwürdigen **„Hôtel de France"** mit Tüchern bedeckt. Einige Wochen später hieß es dann **„Schlosshotel"**. Noch während der Zeit des Ersten Weltkrieges wurde schließlich der Hotelbetrieb eingestellt.

– Auch die Betreiber vom im Jahre 1907 eröffneten **„Café de Paris"** zeigten sehr schnell ihre Vaterlandstreue. Im neuen **„Kaffeehaus Germania"** bestand die Zeitungsauswahl nur noch aus deutschen und österreichischen Publikationen.

– Das im November 1892 eröffnete vornehme **„Weinrestaurant zum neuen Palais de Saxe"** hieß nun **„Weinstuben zum Neuen Sachsenpalast"**. Das monumentale Haus am Dresdner Neumarkt behielt diesen neuen Namen bis in die 1920er Jahre.

Diese Aufzählung ließe sich beliebig fortsetzen. Firmierungen wie „Hotel" wurden durch „Fremdenhof" oder „Herberge" ersetzt. „Restaurants" bezeichneten sich zukünftig als „Gasthaus". Die französische Schreibweise des Wortes „Café" wurde durch „Kaffee" oder „Kaffeehaus" ersetzt.

Relativ unbekannt ist, dass auch bei dem seit Generationen sehr bekannten Restaurant „Italienisches Dörfchen" am Theaterplatz ein solcher Versuch unternommen wurde. Im Jahre 1915 gehörte auch Italien zu den Kriegsgegnern des Deutschen Kaiserreiches. Der alte Name war für den neuen Wirt dieses Etablissements nicht mehr tragbar. Ein fettgedrucktes Inserat lud die Dresdner zum Besuch ins „Franziskaner Restaurant und neues Helbig" ein. An diesen neuen Namen mochte sich die einheimische Bevölkerung nicht gewöhnen. Dieses sah auch der übereifrige Gastwirt ein. Nur wenige Monate nach diesem Versuch hieß der Erlweinsche Bau wieder „Italienisches Dörfchen."

Wie ernst es die staatlichen Behörden mit den Namensänderungen nahmen, zeigt eine Akte der Gemeindeverwaltung Blasewitz aus dem Jahre 1917. Schließlich ging es um die „Bekämpfung des Gebrauchs von entbehrlichen Fremdwörtern im äußeren Geschäftsleben, insbesondere von Firmenschildern, Schaufenstern und an öffentlichen Aushängen".

Bisher hatte sich das sächsische Ministerium des Innern zurückgehalten. Es vertraute auf die Einwirkung der Presse auf die großen kaufmännischen Vereinigungen und den Einfluss angesehener Persönlichkeiten. Der erhoffte Erfolg blieb aber aus. Noch immer gab es im äußeren Straßenbild fremdsprachliche Geschäftsschilder. „Deutschvölkerisches Empfinden" sei dadurch aufs schwerste gestört. Die unteren Verwaltungsbehörden wurden angewiesen, auch die letzten „Fremdwörter unterschiedslos auszumerzen". So begab sich nun der Blasewitzer Schutzmann auf die Spurensuche in seinem Revier. Schnell war er fündig geworden und stellte eine Liste zusammen. Natürlich gab es auch gleich eine Liste für die neuen deutschen Bezeichnungen. Hier einige Beispiele:

Kontor	*Geschäftsstelle*
Rasier-Salon	*Haar- und Bartpflege*
Toiletten	*Kleidung, Gesellschaftskleider*
Drogerie-Parfümerie	*Kräutergewölbe, Duftstoffe*
Zahn-Praxis	*Zahnpflege*

Café	*Kaffee*
Depots	*Bankeinlagen*
Mixed Pickles u. Sauce	*Gemischte Essigfrüchte und Tunken*
Operateur	*Wundarzt*
Zahn-Atelier	*Anstalt für Zahnspflege*
Hôtel	*Fremdenhof*
Dekorateur	*Zimmerschmücker, Raumkünstler*
Bonboniere	*Naschdosen*

Viel Erfolg hatte diese Initiative aber nicht mehr. Schließlich befand man sich im dritten Kriegsjahr. Viele Geschäftsleute hörten sich die Einwände des Schutzmannes an. Schon längst hatten sie nicht mehr die finanziellen Mittel, ihre Geschäftsschilder zu ändern. Sie schmunzelten über die wiederentdeckten deutschen Begriffe und konnten damit nichts anfangen. Um der lieben Ruhe willen erklärten sich einige bereit, nach dem gewonnenen Krieg ihre Firmenschilder zu ändern. Die ganze Aktion lief ins Leere. Das Deutsche Kaiserreich hatte den Krieg verloren und in späteren lustigen Runden erinnerte man sich noch dieser staatlichen Aufforderung.

50. „Kriegsstrumpfstricken mit Kaffeekonzert" im Kaiser-Palast

Zu den beliebtesten Restaurant- und Vergnügungsetablissements am Anfang des 20. Jahrhunderts zählte der „Kaiser-Palast". Der monumentale Bau am belebten Pirnaischen Platz war nicht zu übersehen. Hier traf sich das zahlungskräftige Publikum Dresdens und die zahlreichen auswärtigen Besucher.

Mit dem Beginn des Ersten Weltkrieges stand der langjährige Pächter Otto Scharfe vor neuen großen Herausforderungen. Bereits im August 1914 gab es erste staatliche Einschränkungen für das Gastgewerbe. Kabarett- oder Tanzveranstaltungen wurden untersagt. Bei aller anfänglicher Kriegseuphorie und dem Glauben an einen schnellen Sieg waren solche Vergnügungen in der sächsischen Residenzhauptstadt nicht mit dem Tod vieler Frontsoldaten vereinbar. Die engagierten Militärkapellen spielten ihre strammen Märsche. Statt Blumendekorationen schmückten nun die Flaggen der Bündnispartner des Deutschen Kaiserreiches die gastronomische Einrichtung. Zum „Vaterländischen Bierabend" wurde ab jener Zeit eingeladen. Spendenbüchsen zur Unterstützung des deutschen und österreichischen Kreuzes schmückten den Tisch.

Der Kaiserpalast am Pirnaischen Platz galt als das „reichste Dresdner Privatgebäude"

Weitere Ideen zur Bindung der zahlungskräftigen Gäste folgten. Diesmal ging es um die wohlsituierte einheimische Damenwelt. Schon in den Vorkriegsjahren trafen sie sich hier gerne zum Kaffeekränzchen. Ihre schon damals viel beschäftigten Männer hatten in den Kriegszeiten noch viel weniger Zeit für sie. Vor einigen Monaten berichteten sie noch stolz von der beruflichen Karriere und Titel ihres Ehemannes – heute über den militärischen Rang und wichtige Kriegseinsätze zum Schutze des Vaterlandes. Dabei wurde reichlich Kaffee getrunken und Kuchen verzehrt.

Unsere patriotischen Frauen wollten auch ihren gesellschaftlichen Beitrag leisten. Viele von ihnen waren schon in zahlreichen Wohltätigkeits- und Kriegsunterstützungsvereinen engagiert. Sehen und gesehen werden zählte auch noch im Spätherbst 1914 zu einer wichtigen Pflicht. Und wo konnten sie ihren patriotischen Einsatz an der Heimatfront am besten zeigen? Im „Kaiser-Palast" am Pirnaischen

Platz. Seit wenigen Wochen lud der kaisertreue Restaurateur Otto Scharfe zum „Kriegsstrumpfstricken mit Kaffeekonzert" ein.

Wie lief denn so eine Veranstaltung ab? Der Betreiber des Kaiserpalastes, Otto Scharfe, besorgte die Wolle. Wohlsituierte Mütter nahmen gemeinsam mit ihren Töchtern an den festlich gedeckten Kaffeetafeln Platz. Nach der Vesperzeit wurden dann die Stricknadeln herausgeholt. Die Unterhaltung untereinander brach nicht ab, es sei denn, wenn die Kaffeehauskapelle aufspielte. Hunderte von Strumpfpaaren wurden an solchen „Kriegskaffee-Nachmittagen" gestrickt. Weitere Geldspenden wurden in Sammelbüchsen gesammelt. Die Erlöse eines solchen Nachmittags kamen zur Verteilung an die Kriegsunterstützungsvereine. Hunderte von Mark kamen so zusammen. Ab dem Jahre 1917 gab es solche Veranstaltungen nicht mehr. Die Kriegsauswirkungen hatten mittlerweile auch die höheren Gesellschaftsschichten erreicht. Das Geld saß nicht mehr so locker, und Restaurantbesuche gehörten zu einem nicht mehr bezahlbaren Luxus.

Öffentliches Kriegsstrümpfestricken kurz vor Weihnachten 1914 im Kaiserpalast.

51. Das „Elefantenessen" in der Bärenschänke – April 1917

Im Jahre 1917 gab es immer größere Probleme, die Bevölkerung mit Fleisch zu versorgen. Einen ungewöhnlichen Weg zur Warenbeschaffung ging da die Dresdner Bärenschänke. Der Besitzer der Bärenschänke, Karl Höhne, berichtete darüber in seiner Festschrift zum 25jährigen Jubiläum seiner Geschäftsübernahme:

„... Eine besondere Begebenheit muß aus dieser Zeit erwähnt werden. Der Zirkus Stosch-Sarrasani in Dresden hatte einen
jungen Elefanten
zum Verkauf gestellt. Um dieses Tier bewarben sich Kempinski, Aschinger und Borchardt in Berlin, mehrere Fabrikanten für ihre Kantine und andere.

Erst in letzter Stunde erfuhr Karl Höhne von dieser Möglichkeit, seinen Gästen einen Berg Fleisch zu bieten. Kurz entschlossen kaufte er das Tier. Sein Lebendgewicht waren 5368 Pfund. Es kostete M 8079,-. Für einen Elefanten zum Schlachten in Deutschlands schwerster Zeit ein erheblicher Preis.

Am 20. März 1917 wurde der Elefant durch Rittergutsbesitzer Roßberg aus Glaubitz bei Königsbrück und Karl Höhne durch 4 Schuß getötet. Bei der Ausschlachtung stellte sich heraus, daß die zweite Kugel des Karl Höhne aus 7,8 mm-Büchse die tödliche Kugel war. Das Ergebnis wurde weit über sächsische Grenzen besprochen. Es führte der Bären=Schänke und damit dem großen Teile der Dresdner Bevölkerung nahrhaftes Fleisch zu. Der Elefant gab ein ausgezeichnetes, dem Rindfleisch ähnelndes, schmackhaftes Fleisch im Gesamtgewicht von 3074 Pfund.

Ein paar von den unterhaltendsten Einzelgewichten des Tieres waren:

Es wogen:	der Schwanz	12 Pfund
	der Rüssel	66 Pfund
	die Zunge	34 Pfund

die Lunge	*52 Pfund*
die Leber	*48 Pfund*
die Nieren	*12 Pfund*
das Herz	*20 Pfund*
das Kopffleisch	*94 Pfund*
die Füße	*132 Pfund*
das Leder	*632 Pfund*

Aus dem Blut allein wurden 360 Portionen Tiegelwurst hergestellt, aus der Leber 348 Portionen Leberknödel. Das Gehirn ergab allein 22 Portionen. Das Fleisch schmeckte vorzüglich im rohen Zustande als Tartar=Beefsteak. So wurde es in allen Zubereitungen der Dresdner Bevölkerung zugeführt in einer Zeit, in der es sonst nichts zu beißen gab ..."

Am 19. April 1917 veranstaltete man dann das Delikatessen-Essen von Elefantenfleisch. Ein Blick in die Speisekarte zeigt die Phantasie der Köche.

Geschabtes Elefantenfleisch	M 1,-
Gesülzter Elefantenfuß mit feiner Kräutertunke	M 1,-

Über 300 Geweihe hingen in der Bärenschänke.

Die Gaststätte in der Webergasse hatte zur Zeit ihrer Gründung im 19. Jahrhundert einen Bärenzwinger

Gehacktes Elefantenstück nach deutscher Art
mit Kartoffeln — *M 1,50*
Gesülzter Elefantenrüssel in feiner Kräutertunke — *M 2,-*
Jumbo=Schwanz=Ragout mit Kartoffeln — *M 2,50*
Gepökelte Elefanten=Rüssel mit Kloß — *M 3,-*

52. „Maßnahmen gegen die Schlemmerei" – 1923

Dresden im Jahre 1923. Politische Nachkriegsunruhen und die zunehmende Inflation bestimmten das Zeitgeschehen. Der verlorene Krieg und die strengen Bedingungen des Versailler Vertrages lähmten jegliche wirtschaftliche Entwicklung. Revolutions- und Kriegsgewinnler versuchten das deutsche Volk für sich zu gewinnen. Nichts erinnerte mehr an die gesellschaftliche Ordnung der Vorkriegszeit. In der Weimarer Republik herrschte Lebensmittelknappheit. Auch jetzt versorgten zahlreiche Feldküchen viele Bewohner der sächsischen Landeshauptstadt. Volksküchen hatten noch längst nicht ihre Funktion verloren. Das Gastgewerbe der

Stadt konnte nur mühsam seine Geschäfte aufrechterhalten. Diese Branche gehörte zu dem Gewerbezweig, der am meisten unter den Kriegsverhältnissen und der darauffolgenden Zeit zu leiden hatte.

Zunehmend wehrten sie sich gegen Gäste aus den ehemaligen Gegnerländern. Schon längst wurden keine ausländischen Delikatessen mehr auf der Speisenkarte geführt. Das gleiche galt auch für die Auswahl der Weinkarte. Zunehmende Beschaffungsprobleme und fehlende Kundschaft wurden mit nationalem Stolz überspielt. So forderten selbst gestandene Dresdner Hoteliers belgische oder französische Gäste auf, ihr Haus zu verlassen. Bis ins Jahr 1926 gab es noch Hinweisschilder an den Hoteleingängen, welche Nationalitäten unerwünscht seien. Auch das war Dresden am Anfang der Zwanziger Jahre.

Damals gab es noch einen Reichsernährungsminister. Der traf sich im Januar 1923 mit den Vertretern der Spitzenverbände des deutschen Hotel-, Gastwirts- und Kaffeehausgewerbes. Es wurden „Maßnahmen gegen die Schlemmerei" beschlossen. Unter anderem wurde angeordnet:

– *Von jeder Art der Gerichte dürfen nur zwei zur Auswahl auf der Speisenkarte stehen. Für Betriebe mit besonders großen Umsatz, die hauptsächlich von der werktätigen Bevölkerung aufgesucht werden, können Ausnahmen gestattet werden.*
– *Delikatessen, besonders ausländische, werden auf den Speisekarten nicht mehr geführt.*
– *Es darf keinem Gast zu einer Mahlzeit mehr als ein Hauptgericht aus Fleisch gegeben werden.*
– *Eine Gastmahlzeit darf höchstens enthalten: Eine Suppe, ein Fischgericht oder leichtes Zwischengericht, ein Fleischgericht mit Beilage, eine Süßspeise oder Käse oder Dunstobst oder Früchte.*
– *Eier und Eierspeisen dürfen zum Frühstück nicht verabfolgt werden.*
– *Jede Schaustellung von Lebensmitteln in Schankfenstern und unnötige kalte Büfetts sind verboten.*

Verstöße gegen die Bestimmungen konnten mit einer Geldstrafe von einer Million Mark geahndet werden.

53. „Preiswettkochen" – Neuer Anziehungspunkt für eine gastwirtschaftliche Ausstellung – 1932

Vom 25. April bis zum 30. April 1932 fand in Dresden eine große gastwirtschaftliche Ausstellung statt. Der besondere Anziehungspunkt für die vielen Besucher war die dazugehörige Kochkunstschau. Es war die Zeit, als auch das Gastgewerbe mit den Folgen der Weltwirtschaftskrise zu kämpfen hatte. Darum verzichteten viele Küchenmeister auf die teuersten Zutaten für die Zubereitung und Dekoration ihrer Schaustücke. Überhaupt wurde im Vorfeld diskutiert, ob eine solche Ausstellung in dieser wirtschaftlich schwierigen Zeit überhaupt stattfinden sollte. Notstandsverordnungen, viele Firmenpleiten und eine hohe Arbeitslosigkeit bestimmten das Bild. Eine Präsentation von kulinarischen Höchstleistungen passte nicht in diese Zeit. Schließlich setzten sich aber die Befürworter durch.

Zu einem Hauptanziehungspunkt der Ausstellung wurde das „Preiswettkochen". So etwas hatte man bisher in Dresden noch nicht gesehen. Am Montag wetteiferten die Hausfrauen um das beste Rezept. Der Dienstag war für die Absolventen der zahlreichen Kochschulen vorgesehen. Mittwochs versuchten die Kinder ihr Glück. Sie übten sich in der Zubereitung einer Schokoladensuppe und in der Herstellung von Eierkuchen. Der Donnerstag war dann für die jungen Mädchen reserviert, welche durch ihre Kochkünste den geeigneten Mann suchten. Am Freitag bereiteten bekannte Dresdner Künstler ihre Lieblingsspeisen zu. Und sonnabends? Nun, da versuchten die Junggesellen ihr Glück. Sie hatten mit der Zubereitung einer Erbsensuppe und deutscher Beefsteaks mit Bratkartoffeln ihr Können unter Beweis zu stellen.

Jede Veranstaltung war auf 20 Teilnehmer begrenzt. Das Publikum konnte um die Kochstände herumgehen. Eine Kapelle sorgte für musikalische Unterhaltung und ein Moderator kommentierte das Geschehen. Auch einige Preise der Gewinner sollen nicht unerwähnt bleiben. So stiftete die Norddeutsche Loyd eine Ehrenkarte für eine Person zu einer einmaligen Fahrt mit einem Seedampfer nach Helgoland und zurück. Höhepunkt war natürlich der Auftritt bekannter

Dresdner Schauspieler. Sie zelebrierten ihre Teilnahme mit einem lustigen Auftritt. Einige entpuppten sich als unerkannte Kochgenies. Schauspieler wie das zahlreiche Publikum hatten ihre Freude. Sei es nun bei der Zelebrierung der gebratenen Gans, der Tiroler Klöße, dem Gulasch, der Klopse oder auch nur der selbstgebackene Pflaumenkuchen. Danach begann die Versteigerung der zubereiteten Speisen. Die neugierigen Besucher konnten kosten, bevor die Preisjury ihr Urteil fällte. Gewonnen hatte der knusprig gebratene Gänsebraten.